努力十年 财务自由

高悠悠◎著

中国商业出版社

图书在版编目（CIP）数据

努力十年，财务自由 / 高悠悠著. -- 北京：中国商业出版社，2024. 12. -- ISBN 978-7-5208-3180-2

Ⅰ. F830.59-49

中国国家版本馆 CIP 数据核字第 2024Q3S832 号

责任编辑：王　彦

中国商业出版社出版发行

（www.zgsycb.com　100053　北京广安门内报国寺 1 号）

总编室：010-63180647　　编辑室：010-63033100

发行部：010-83120835/8286

新华书店经销

廊坊市佳艺印务有限公司印刷

*

787 毫米 ×1092 毫米　32 开　9.125 印张　190 千字

2024 年 12 月第 1 版　2024 年 12 月第 1 次印刷

定价：129.00 元

* * *

（如有印装质量问题可更换）

自序

大部分人都想赚钱，不只想赚钱，还想赚很多钱。说到赚钱，少部分人创业当老板，大部分到职场打工。

所有打工人都梦想自己能够一路"打怪升级"，有一天出任 CEO，走上人生巅峰。不过更多人只是"混"成了职场老油条，间歇性踌躇满志，持续性按部就班。

创业当老板的，有一不小心改变人生、改变世界的，但更多是一不小心倾家荡产的。说不清是命运使然，还是主动选择，本书的主人公鹿露成了第三种人：职场"摸鱼"专业户，做着副业，玩着投资，收着租金……没有得到很多的爱，却得到了不少的钱，一不小心就实现了财富自由。

当然，讲述这些不是为了炫耀，而是希望把鹿露的经验分享给大家，希望大家及时清醒，开辟一条不寻常的人生道路。在鹿露的成长中，她发现了很多影响至深的哲理，比如对于渴望改变命运的普通人而言，机遇比努力更重要。有的机遇如钻石般璀璨夺目，有的机遇如沙砾般平淡无奇。识别机遇，抓住机遇，甚至创造机遇，才能快速获取财富、改变人生。

资源比能力更重要。有的资源不费吹灰之力唾手可得，有的资源只有绞尽脑汁不断努力才能得到。识别资源，利用资源，甚至争取资源，才能更轻松地赚钱。

  人的精力和资源都有限，只有把有限的精力和资源放在能创造更多价值的地方，才能助你早日登上财富顶峰。

  所以，这不是一本纯虚构的故事书。你可以把它当成业余消遣，感受咸鱼逆袭之路的笑与泪。你可以把它当成一个普通女生逆袭的经验分享，一本涵盖职场"升级打怪"、副业变现增收、投资理财知识的实用手册。

  本书的主人公鹿露，普通中国女性的代表，没有背景只有背影，受过良好的教育，"985"院校毕业，告别了平凡，却也并不出色。

  "500"强外企"小土豆"一枚，在职场却没有混出头，经历过怀才不遇、默默无闻，也经历过升职加薪、职场宫斗，最后选择一边职场"摸鱼"，一边副业增收，一边投资理财，最终积累了千万财富，在广州深圳买下5套房产，开上了保时捷。

  所以财富自由了吗？最起码算得上低配版财富自由，而且正在向高配稳步迈进。对于大部分人来说，也许她的选择具有很好的参考价值，因为她的所作所为有更大的可行性。也许你此刻正经历职场不如意，感觉升职无望，那么请你换个方式，看一看鹿露的故事，相信你也能实现财富自由。

  感谢赐予我经历的生活，感谢我亲爱的家人和朋友，感谢给予我哪怕点滴帮助的人们，感谢一直鼓励我写书的朋友们。感谢我的每一位鹿粉，是你们陪着我一同成长，才成就了今天的我。

高悠悠（鹿鹿）

2024年5月于深圳

目录

自序 / I

职场篇：

不赚钱的职场　我劝你别熬了 / 001

第一章　职场新人的生存法则 / 002

1.1 外企比想象中的更好"摸鱼" / 003
1.2 租房时选在哪，决定你的未来 / 006
1.3 前程与爱情，孰轻孰重 / 011
1.4 错失的机会与后悔的眼泪 / 016

第二章　升职加薪的正确姿势 / 022

2.1 机会比努力更重要 / 023
2.2 快速学习也是一种竞争优势 / 028
2.3 如何面对不涨工资的升职 / 030
2.4 老板是如何主持公道的 / 035
2.5 职场升职加薪的秘密 / 045
2.6 职场的"香饽饽"是不是真的香 / 051
2.7 不能胜任新工作，该怎么办？ / 057
2.8 与老板的相处之道 / 066

III

第三章 每个转折点都蕴含着机遇 / 076

3.1 高管波动，殃及池鱼 / 077

3.2 老板走了，我该何去何从？ / 089

3.3 又升职加薪了 / 095

3.4 职场没有姐妹 / 111

3.5 得罪了老板该怎么办？ / 117

3.6 经营好主业和副业 / 126

副业篇：

下班后4小时　赚钱的主战场 / 131

第四章 时间管理：如何充分利用你的闲暇时间赚钱 / 132

4.1 时间比金钱更稀缺 / 133

4.2 时间管理五步法：你的碎片时间很值钱 / 135

4.3 战胜拖延症的四步法 / 149

4.4 每日任务清单：怎么写更高效？ / 155

第五章 如何找到赚钱的副业 / 164

5.1 副业是开启人生的第二曲线 / 165

5.2 副业规划法：定位最适合你的副业 / 171

5.3 10个普通人的副业案例 / 179

5.4 你的人脉能变现：利用人脉找副业 / 187

第六章 打造个人品牌：低投入、高回报的赚钱利器 / 192

6.1 误入自媒体 / 193

6.2 普通人为什么要打造个人品牌 / 196

6.3 新手入局，几个大的自媒体平台 / 202

6.4 自媒体的变现方式 / 210

投资理财篇：

辛苦赚钱是走楼梯　投资理财是坐电梯 / 217

第七章　理财新手入门 / 218

7.1　理财为我们的人生锦上添花 / 219

7.2　理财的第一步：存钱 / 221

7.3　你瞧不上的指数型基金比主动型基金更好 / 230

7.4　定投基金的"微笑曲线" / 235

7.5　长期定投，让时间帮你钱生钱 / 240

7.6　理财的第四步：规避投资理财的深坑 / 242

第八章　买对一套房　胜过十年忙 / 247

8.1　我们为什么要买房 / 248

8.2　买房可以带来哪些收益？ / 250

8.3　如何买入自己的第一套房子 / 254

8.4　找到升值空间大的房子 / 259

第九章　"睡后赚钱"　财务自由 / 265

9.1　收入的三种类型：普遍性收入、投资组合收入、被动收入 / 266

9.2　构建自己的被动收入体系：11种被动收入 / 273

9.3　成为更好的人　遇到更好的人 / 280

努力十年 财务自由

职场篇:

不赚钱的职场
我劝你别熬了

第一章
职场新人的生存法则

1.1 外企比想象中的更好"摸鱼"

◆ 遇到温水煮青蛙的工作

大学毕业前3个月，鹿露已经收到了几家企业的offer（录用通知书，后统一用offer），最终她选了医药名企SK，总部在德国，全球"500强"，年薪5万元，五金齐全，虽然工资低但福利还不错。最重要的是同事关系融洽，极少加班，没有"996"，没有"007"，职位是助理，勉强算个白领。

SK中国区的员工分为10级，总裁10级，助理为2级。刚入职的鹿露自然处在职场食物链最底端，与总裁年薪差距超过100倍。

鹿露部门的总监叫王大卫，中国区公司的元老级人物，工号003，在政府事务上颇有手腕，SK公司进入中国并发展壮大离不开他的贡献。然而他有一个硬伤就是英语不好，这在一家"500强"外企是相当要命的。

鹿露的直属领导叫王思思，一根资深的"老油条"。王思思也是公司老员工，跟了大卫近10年，从前台一路做到了主管。只是往上走也后继无力了，她虽办事得力，但英语也不好，加上学历也无太大优势，大卫虽喜欢她，但也并无特意提拔她的想法。所幸她也不是个渴望升官发财的主儿,每日"摸鱼"、干好自己的事情,闲了炒股炒房也算自得其乐。

除了鹿露,办公室还有两个下属。一个是徐琳,鹿露同校中文系的学姐,性格温和,是思思的好闺蜜。她在公司勤勤恳恳工作3年了,也是2级助理,没有升职也没有跳槽。

刚开始鹿露还颇为她打抱不平,徐琳那么优秀,怎么公司也不给她升职,而后又带着点兔死狐悲的伤感,这么优秀的人3年都不能升职,想来自己也难有出头之日。

后来,鹿露才知道人家是名副其实的白富美,嫁了个高富帅,家住江边豪宅,手上戴着40多万元的表。人家上班领几千元钱工资,不过是打发时间而已。

另一个下属是陈克,比鹿露早来一年,家里是开外贸公司的。换句话说,也是不差钱的主儿。父母放他出来锻炼几年,以后好回家继承家业。

鹿露忍不住感叹:怎么同事一个比一个有钱?敢情人家都是来体验生活,只有自己是来打工挣钱的。

鹿露的工作内容并不复杂,主要负责对接相关政府部门,各种材料的申报等,还要负责管理各种预算,协助总监控制费用,管理集团各种行政事务如差旅、会议安排、大型活动等。

不过,彼时的鹿露并不喜欢这些工作,内容琐碎、附加值低、收获甚少。她觉得自己名校毕业完全可以胜任更高阶的工作。不过多年后回想起来，其实这份工作也并非一无是处。这份工作的岗位职责涉及范围极其广泛，从普通员工，到部门老总，公司总裁，甚至还有政府工作人员，所以这份工作其实非常锻炼人际交往技巧（people skill）。

这里的环境还是很舒服的。工作稳定、福利好、压力小、人际关系也不复杂。可惜自己是个囊中羞涩的穷人，想升职加薪没机会，想跳槽，又舍不得离开。

这就是传说中的"温水煮青蛙"吧！

1.2 租房时选在哪，决定你的未来

◆ 租房子，选好的社区or差的社区

公司同事家境都不错，人也非常好，加之鹿露自带几分社牛属性，很快就和同事们熟络起来。熟悉了环境之后，鹿露开始琢磨从学校宿舍搬出来，租在公司附近，这也是她展开的第一项职业规划。毕竟作为一个野心勃勃又自视清高的小助理，鹿露肯定不甘于长期在公司最底层。

这时鹿露有两个选择，好的社区或差的社区。公司对面就有几个中高档小区，走路到公司10分钟左右，配套齐全、环境优美，同事称之为高档小区。高档小区什么都好，就是房租高，一个单间房租快到2500元，加上水电、物业、网费，每月工资一大半没了。普通小区地处城中村，到公司有公交车，单程约40分钟。不过普通小区的房租特别便宜，一个单间房租不到800元，还包水电。

鹿露也不是没有考虑过入住普通小区，毕竟每个月能省下1000多元。但是，她陪同事小西看房的时候挤了一趟公交车，又看到城中村的环境，就打消了这个念头。

"还是住得离公司近些，省下点时间再找份兼职吧。"鹿露默

默打定了主意。

当然，房子还是要尽量找便宜的。最简单的方式是找房产中介，不过要出半个月房租作为中介费，这时鹿露不禁感叹，要是能直接找到出租的业主就好了。为了省下半个月房租，鹿露混进业主群里，发消息询问是否有房东出租房子；之后又联系了附近中高端小区的物业，咨询是否有业主请物业代理出租，最后还在58同城、贝壳网等专业平台寻找业主直租的信息。不过这些都没有同事帮忙效率高，家境优越的陈克就住在高档小区，鹿露求陈克帮忙寻找是否有合适的房源。结果没几日，陈克就带来了好消息。

陈克所在小区的业主群里有个妹子招合租。鹿露看了房子，两房一厅，干净明亮，出租的是次卧，租金每月1800元。妹子自己就是房东，名叫赵美美，在银行工作。赵美美家在珠海，房子是几年前父母买来投资的，赵美美工作后就住在这里。

美美一个人住觉得闷，于是想找个室友。她对鹿露的谈吐和工作背景都颇为满意，鹿露也很满意房子的条件和这个室友，租房的事就这样顺理成章地解决了。

虽然租金比普通小区贵了一倍多，但是鹿露已经很满意了。因为住得近，她每天可以睡到8点，起床后梳洗化妆，到楼下吃碗面，很快便能到公司。

鹿露的公司每天下午5点下班，所以鹿露到家总是很早。吃完饭，洗完澡，时间才7点，每晚留有几个小时的空闲时间，这也为她之后发展副业奠定了基础。

反观选择了普通小区的小西，每天都疲于奔命。夏天挤公交上班，妆花了，衣服也湿了。如果不幸遇到加班，晚上到家都10点了。每日出勤的来回奔波让小西筋疲力尽，下班后根本没有太多空闲时间，更多是倒在床上等待第二日的劳累。另外，小西的房东和室友为人都很计较，每月都会为电费水费这些琐事争吵。

鹿露劝小西："不如搬到我的小区住吧，上下班多方便。"可小西却说："还是节省一点好，每个月可以多存1000元呢。"

但是，她不知道鹿露利用每日的空余时间做副业，每个月可以多赚几千元，而且鹿露的室友是银行理财经理，赵美美一家人都精通投资理财，耳濡目染之下，鹿露也迈入了理财的大门，这又增加了鹿露的收入。

◆ 精华：租房里的经济学

租房选择是大多数职场新人都会面临的问题，很多朋友忽略了它对职场规划、职业发展的重要性，多以房租价格作为租房的主要选择标准。事实上，租房也是一门经济学，其背后隐藏着深层次的经济学原理。这门经济学涉及的主要因素有通勤时间成本、租金成本、地理位置和社交圈层等。要作出最优选择，就不能只考虑表面的租金成本，还要评估隐性的机会成本。

1.通勤时间成本

经济学家将时间视为一种重要资源，这种资源是有限且宝贵的。根据机会成本理论，花费在通勤上的每一分钟都可以被视为损失了其他可能带来收益的机会。例如，鹿露选择住在高档小区，每天节省的时间可以用于工作、进修或休息，这些都能带来潜在的未来收益。

2.租金成本与住房环境

租金成本是直接支出，但住房选择的不仅是房子，还有周边环境和内部条件。我们可以用马斯洛需求层次理论进行分析，人的需求层级从低到高分别是生存需求、安全需求、社交需求、尊重需求和自我实现需求。普通小区满足的更多是生存需求，而高档小区虽然价格高，但能够同时满足生存、安全、社交和尊重多层面的需求，这直接为鹿露追求更高层次的自我实现提供了养分。

3.位置与社交圈层

地理位置与社交网络属于紧密相连的关系。社会资本理论强调，个人的社交关系网络可被视为一种资本，有助于职业发展和信息流通。高档社区内部的社交网络往往价值更高，能够带来更多的信息和机会。与之相反，低端居住区虽然节省了租金，但失去了建立有价值人脉关系的机会，这种隐性成本从长远来看可能远超每月节省的租金。

另外，环境会在潜移默化中改变人。正所谓物以类聚、人以群分，近朱者赤、近墨者黑。很多时候我们意识不到自己正在被环境慢慢改变。有时候鹤立鸡群固然能够凸显自身优势，但是长时间如此鹤会慢慢被鸡群同化，最后成为一只领头鸡。

4.解决方案

（1）选择高档小区。从长远角度出发，这是一种投资。通勤时间的节省，生活质量的提高，以及更高层次社交网络的搭建，都是潜在的财富。

（2）合租而不是整租。这是一种成本共享策略，可以减少租金支出，同时保持生活质量。鹿露的选择，即租赵美美的次卧，正体现了这一点。同时，与理财专家室友的日常互动，无疑也提高了她的理财技能。

（3）利用节省出来的时间发展副业。这一点反映了边际效用理论，即每增加一单位资源投入在副业上，都能带来额外的收益。鹿露利用节省的通勤时间做副业，实际上增加了她的总收入。

综上所述，租房决策的权衡和选择不仅是经济成本的计算，更是个人资源配置的体现。从长期来看，选择更佳的居住区域，虽然短期内租金成本较高，但节省的通勤时间、更佳的社交网络以及提高的生活质量，都是不容忽视的长期投资。

1.3 前程与爱情，孰轻孰重

◆ 异地恋的困境

日子稍安顿下来，鹿露又遇到一个麻烦事。大学时天天骑自行车到女生宿舍楼下，给自己送夜宵的学长男友时岱获得了一个外派机会。

时岱比鹿露早毕业2年，学计算机专业，在一家互联网创业公司做高级销售工程师。公司在业内颇被看好，发展迅速，预计几年内就可以上市。然而，这家公司也有互联网大企业的通病，内部人才济济，竞争激烈。上有老员工踌躇满志，下有新员工虎视眈眈，要升职也不容易，所以时岱干得也不是非常顺心。

最近公司要开拓贵州市场，计划在贵阳开设一个办事处，需要选派一名员工过去主事。新城市、新市场，去的话摆明了就去当开荒者，所以大多数员工都不愿意去。不过时岱认为在总部竞争大，机遇少，或许这是个机会呢。不过他知道鹿露是无论如何不可能离开繁华羊城陪他去一座陌生城市开荒。这一去两人就变成了异地恋，关系能不能维持下去就成了未知，他是真心喜欢鹿露，所以时岱陷入了纠结当中。

时岱犹豫几日后,对鹿露说了这件事。鹿露信奉"小作怡情,大作伤身,强作灰飞烟灭"的信条,这种关乎前途的大事自然不能与男友闹别扭。于是鹿露提议,"要不咱们做个SWOT[①]分析吧。"

时岱的SWOT分析结果如表1-1所示。

表1-1 SWOT分析

S 优势	W 劣势
①名校毕业、专业能力强。 ②年轻有冲劲。 ③情商高,口才好、善于与人打交道。 ④酒量好、交际能力强。 ⑤领导力强,做事果决,讲究效率,逻辑性强。 ⑥个子高,外表有优势	①喜欢把自己的标准强加给别人,较少关心自己的决定与行为给别人带来的影响。 ②工作经验不足。 ③业内没有人脉、没有资源、没有背景。 ④家境一般,经济基础薄弱
O 机会	T 威胁
①总部有更多培训机会、更容易接触领导。 ②新办事处是重点项目,可以直接汇报公司高层,做出成绩更容易受到认可。 ③新办事处有更大的权力、更强自主性,可以更全面掌握业务;积累自己的人脉和资源。 ④项目补贴更高、收入更高;衣食住行都由公司报销,可以存下不少钱	①公司总部竞争对手过多。 ②总部管理层级多,主管多,晋升缓慢;负责细分工作,只是螺丝钉。 ③新项目毫无根基,业务拓展难度不小,整体环境不如总部。 ④与女友分隔两地,异地恋

[①] SWOT分析模型也叫态势分析法,20世纪80年代初由美国旧金山大学的管理学教授韦里克提出,经常用于企业战略制定、竞争对手分析等场合。SWOT从四个维度上进行分析,S(Strengths)指优势、W(Weaknesses)指劣势、O(Opportunities)指机会、T(Threats)指威胁。它也可以用于个人职业生涯分析,帮助我们把资源和行动聚集在自身的强项和有最多机会的地方。

两人一分析，利弊得失相当清楚。时岱要趁年轻出去闯一闯。

至于异地恋的问题，那也是无奈之举。谁也不喜欢异地恋，可是鹿露又不希望自己成为阻碍时岱前途发展的人。鹿露暗想："如果我不让他去，万一以后吵起架，他说老子当初为了你放弃了那么难得的机遇，我可受不了。"于是她摆出一副识大体的样子，向时岱表示，为了你的前程，我愿意牺牲，把时岱感动得双目含泪。

为了让女友放心，时岱当场上交了自己的工资卡，表示自己每个月向鹿露领零花钱即可。另外，每个月由他负担一半房租。

鹿露一边窃喜一边委屈巴巴地说："可是我还是舍不得你。"时岱摸摸她的头："公司每个月有一次探亲假，我一定抽空回来见你。我们辛苦几年，很快就可以买房买车结婚了。"

后来的发展也证明，这个决策是非常英明的。贵州的市场发展得非常迅速，先成立了办事处，又成立分公司，五年后时岱已经成为那边的一把手，公司最年轻的总监，车子房子票子都有了。

五年间，他飞来飞去见女友，有一次坐凌晨的航班，抱着2米高的泰迪熊出现在家门口，惊得鹿露目瞪口呆。并且当晚又飞回去，实在是个非常浪漫之人。

守护爱情、制造浪漫，哪里不需要钱？暂且按下不表。

◆精华：爱情中的经济学

许多人忽略了职场与爱情之间可能出现的摩擦，当两者出现冲突时更多选择感情用事，冲动决策。比如，为了爱情果断放弃事业，或者为了事业毅然决定分手。其实这并不是对两人最有利，最负责的决断。爱情，其实也是一门经济学。当爱情与职业发展之间产生冲突时我们需要用经济学的长远眼光，来进行长远规划，并思考如何经营出最优质的爱情成果。

爱情经济学背后存在一个关键经济学理论"帕累托优化"[①]。这一经济学概念指的是在不损害任何一方利益的情况下，使得至少一方变得更好。

例如，鹿露和时岱在决定是搬到新城市继续职业发展还是维持目前的恋爱关系时，帕累托优化要求双方都能在这一决策中找到各自的利益点，而不是单方面牺牲或妥协。帕累托优化在感情上意味着，如果现阶段陷入爱情不能使我们的生活变得更好，那么就不要为了脱单而脱单，以免彼此受伤。

该原理同样适用于恋爱中的情侣们：两个人相处，要共同进步，互相督促，彼此成为更好的人，实现帕累托优化，这样感情才能走得长远。

所以恋爱就要找相互喜欢的，愿意为彼此付出，因为彼此的出现而感到幸福的恋爱对象。在处理人际关系，尤其是伴侣关系时，寻找能同时满足双方需求的解决方案至关重要。例如，在决定搬家或职业转变时，与伴侣共同讨论并寻找能够促进双方职业和个人成

[①] 帕累托优化（Pareto Improvement），也称为帕累托改善或帕累托改进，是以意大利经济学家帕累托（Vilfredo Pareto）命名的，并基于帕累托最优变化，在没有使任何人境况变坏的前提下，使得至少一个人变得更好。一方面，帕累托最优是指没有进行帕累托改进余地的状态；另一方面，帕累托改进是达到帕累托最优的路径和方法。帕累托最优是效率的"理想王国"。

长的方案，而不是单方面做出牺牲。

此外，SWOT分析模型是管理学中用于决策的强有力工具，它广泛地应用于生活和商业的各个领域。SWOT的四个字母代表四个方面：优势（Strengths）、弱点（Weaknesses）、机会（Opportunities）和威胁（Threats）。在爱情经济学中，SWOT分析可以帮助我们理智地评估自己在职业和情感关系中的优势和弱点，识别可能的机会和潜在的威胁。例如，我们可能在职业上拥有出色的技能和良好的晋升机会（优势），但在维持稳定关系方面可能面临挑战（弱点）。SWOT分析有助于个人在作出职业与爱情之间的选择时，全面地考量所有因素。

这些理论的共同点在于，它们都鼓励个人在作决策时考虑各种可能的影响，并寻找能够最大化双方利益的解决方案。通过应用帕累托优化和SWOT分析，个人可以在职场与爱情之间找到一个平衡点，使个人的职业发展和情感生活都能得到充分的照顾和发展。

对于现代情侣而言，特别是职业生涯处于上升期的年轻人，爱情与职业的决策变得尤为复杂。想要爱情与事业双丰收，恰恰需要大家学会爱情中的经济学。即双方必须在维持关系的同时，也考虑个人发展和未来计划。在这种情境下，帕累托优化和SWOT分析成为有力的工具，它能够帮助我们理解什么样的决策能够对双方产生最好的结果。

1.4 错失的机会与后悔的眼泪

◆错失机会的损失有多大？

时岱的前途算是有着落了，可是鹿露的前途还未卜。在一个成熟、大型的外企，要迅速晋升非常困难。这至少需要具备高情商（人际关系好）、高智商（工作能力强）以及把握住良好的机遇。

智商和情商可以通过不断练习积累，唯机遇非常难得。最重要的是很多人不懂得发现机遇、把握机遇。有时候，机遇站在你面前你都无动于衷，当它转瞬即逝后你才后知后觉。如果不懂得识别机遇，把握机遇，那么即使具备了高情商和高智商，也很难有所成长。

正如鹿露就阴差阳错地错过很多机遇，很多时候她甚至没有放在心上。只有一次她曾经错过的，让她至今耿耿于怀。

鹿露英语专业八级，口语与书面表达能力都十分优秀，她也一直渴望有一个机会能够展示自己的强项。终于机会来了，德国总部的VP（Vice President，副总裁）过来视察。公司安排了商务晚宴。鹿露刚好坐在部门总监大卫的旁边。大卫的英语硬伤尽人皆知，看着他磕磕巴巴、比手画脚地跟VP沟通，鹿露内心一直犹豫要不要主动请缨给他做翻译呢？他会不会觉得我在炫耀呢？万一没翻译好,会不会被人笑话呢? 在鹿露还在犹豫不决时,对面的丽贝卡自信地开口:"老板,我来帮你翻译好吗?"

此时,鹿露心态都快崩了,因为丽贝卡的英语还不如自己呢,但人家就这样牢牢地把握住了机会。

后来,丽贝卡因为翻译有功,渐渐地获得了大卫的赏识,一路直升。鹿露也只能愤愤不平地做着公司的"小土豆",而且这样的机会再也没有出现过。

工作上没太多进展,生活上鹿露也甚是苦恼。因为她花钱本就有些大手大脚,大学期间,一边拿着家里的生活费,一边做着兼职,日子过得十分滋润,人送外号"中大富婆"。现在上了班,以为经济终于独立了,结果日子过得还不如从前呢。

思来想去,鹿露觉得,还是重操旧业,下班时间找点兼职干干。她的强项是英语,自然想找与英语相关的兼职。费了一番周折后,鹿露终于找到了一份翻译公司的长期兼职,业余时间做翻译、写英语文章。(具体攻略请看副业篇)副业让她的收入稳定增长,每个月从一两千元增加到三四千元。

找到副业之后,鹿露就过上了上班靠工作赚钱,下班靠副业赚钱的生活。英语兼职属于多劳多得,要想多赚钱,还得多挤出更多时间。这个时候,高档小区的优势就体现出来了。鹿露每天5点下班,走路10分钟就可以到家。在附近小吃店吃完晚餐,放松一下身体,每晚还能有4个小时的"副业时间",做翻译、写文章,每天可以多赚一两百元。

周末、节假日，没有别的安排，鹿露可以全天在家做兼职，每天的收入可以增加到三四百元。每年5天的年假，鹿露又接了一位林老板的广交会兼职，又能收入3000元。

当然，年轻人也要劳逸结合。鹿露可不是什么工作狂，吃喝玩乐一样也没有落下。她的兼职与生活享受并不是靠挤时间，而是"时间整合"，告别无效忙碌。比如，旅游、培训、休假这些不紧要的事情一律安排在兼职的淡季进行；提前规划好每个月的日程，空出一两天作为"休闲日"约会玩乐。

还有一点，她把家务外包了。生活不是只有工作赚钱、休闲娱乐，还有一些琐碎事情。对鹿露而言，家务就是那些琐碎事。房东赵美美的意思是自己房间自己维护，每周末两人一起打扫公共区域的卫生。鹿露面有难色，她从小就不爱做家务。第一个周末两个人吭哧吭哧地干了4个小时，累得瘫在沙发上半天起不来。

鹿露暗暗算了一笔账，每周工作40个小时，副业再增加36个小时，家务还要4个小时……想想就觉得疲惫。于是，她建议赵美美请个家政阿姨搞卫生，每周一次，费用平分。赵美美也不爱做家务，收入也高，一口就答应了。家政阿姨收费50元/小时，收拾这间屋子也就2个小时，每月多花400元就能解放自己，这让两人感觉极度舒适。

很遗憾，这件事被时岱知道后鹿露遭受了批评。时岱从小就养成了节俭的生活习惯，这主要与他的原生家庭有关。时岱的父母是下岗工人，从小教育他一定要勤俭持家。所以在时岱眼中能省的一定要省。时岱批评鹿露："一周打扫一次卫生能有多难？你花钱怎么这么大手大脚。一个月省200元，一年就省2400元。"

鹿露既不想委屈自己去做不喜欢的家务，也不想为了这事发生争吵。于是，她决定用经济学的力量说服时岱。

鹿露："猪猪（时岱的昵称），你知道什么是机会成本吗？我不太理解。"

时岱："机会成本简单来说就是，你为了得到某种东西而要放弃另一些东西的最大价值。举个例子，我送你一张60元的电影票，如果你决定用这张电影票看电影，那你付出的成本是时间成本和电影票成本。即使这张票是别人送你的，但仍然有60元价值，卖掉它就能有60元。所以，当你选择拿电影票去看电影，此时你放弃掉了的机会成本，就是你的时间成本+60元票价。"

鹿露装出恍然大悟的样子："那我们做选择的时候，肯定要选那个机会成本最低的方案，这样我们损失才最少，对吧？"

时岱："没错，是这么个道理。"鹿露："机会成本也不只包括钱，也包括时间、资源等，对吧？" 时岱还不知道套路正在逼近："确实如此。"鹿露一笑，掏出两张计算纸："那你看看我这个计算对不对？"

纸上赫然写着，应用题：已知鹿露翻译时薪100元/小时，清洁阿姨时薪50元/小时，阿姨清洁用时2个小时，鹿露用时4个小时。请计算机会成本并选出最优方案。

方案1：不请阿姨，鹿露自己打扫

可以节省阿姨清洁费用：50×2=100（元）

因为不能工作，损失翻译费用：100×4=400（元）

不请阿姨打扫卫生的机会成本为400元。鉴于我业务不熟练，耗时可能更长，烦躁的心情也会影响后续工作。

方案2：请阿姨打扫卫生，鹿露兼职翻译

支付阿姨清洁费用：50×2=100（元）

时间用于兼职翻译，获得：100×4=400（元）

请阿姨打扫卫生的机会成本为100元，换取400元翻译收入，以及愉悦的心情。

我们应该选择方案2，因为它的机会成本最低，价值最高。

鹿露笑嘻嘻："所以我请阿姨绝不是因为懒惰，而是为了利益最大化，为我们未来的豪车豪宅添砖加瓦。"时岱一时竟无法反驳，无奈地摊开手："你呀你呀，真是又懒又馋鬼点子又多，我认输。"

◆ 精华：机会成本的重要性

在鹿露的这段故事中，机会成本是一个核心概念。作为经济学中的一个重要原则，它代表了选择某个行动所放弃的其他选项的潜在价值。鹿露错过了在商务晚宴上展示自己英语能力的机会，这不仅失去了一个展示自我价值的机会，也放弃了职业晋升的关键机会。这样的一次决定可能会对她的职业发展产生长期而深远的影响，因为在职场上，有效展示能力能够为职场晋升带来更多可能性。

事实上，很多时候一个人的所有选择都是有机会成本的，只是有时候我们意识不到。它不只包括看得到的金钱成本，还有时间成本、资源成本，以及容易被忽略的情绪成本等。

总体而言，无论是职场发展还是日常生活，识别并衡量各种潜在的机会成本，对于克服行为偏差、提高决策质量至关重要。这不仅要求我们警觉立即可见的成本与回报，更要求我们对那些不易觉察的长期影响保持敏感。机会成本提醒我们在决策时要全面考虑所有可能的选择及其结果，从而作出最有利于个人职业和生活发展的决策。

第二章

升职加薪的正确姿势

2.1 机会比努力更重要

◆ 遇到机会怎么办

有一份稳定清闲离家近的工作，下班还有份可持续发展的副业增收，对于许多打工人来说，这日子也算不错了，毕竟工作不就是为了赚钱吗？

然而，当年的鹿露年轻气盛，又觉得自己有名校光环，一心想当职场女霸总，"给我一个机会，还你一个CEO"，这就是鹿露对自己的定位。SK这份工作看似轻松体面，但实则是名副其实的温水煮青蛙。鹿露耐着性子被这潭温水煮了1年，觉得再煮下去青春就彻底荒废了，终于下定决心重新找份工作。

她参加了几场面试，接触了几家新公司，才发现外面的日子真不好混。工作状态通常是"996"[①]、"007"[②]，还要宫斗、内卷，且通勤时间特别长。一想到每天穿着高7厘米的高跟鞋，挤在人潮汹涌的地铁上，鹿露就忍不住感叹："怪不得SK的同事都愿意被煮着。"

进退两难之际，鹿露还是得到了上天的眷顾，一个难得的机会出现了。SK公司在广州投资了一个新项目"阿尔法"。公司投资2

[①] "996工作制"是指早上9点上班、晚上9点下班，中午和傍晚休息1小时（或不到），总计工作10小时以上，并且一周工作6天的工作制度。这一制度，反映了"互联网"企业盛行的加班文化。

[②] "007工作制"是指的是一种比"996工作制"更狠的弹性工作制。从0点到0点，一周7天不休息，俗称24小时工作制。

亿欧元在广州建造一家新厂。为此总部特意调来了一位德国籍项目总监，下周正式到广州上任。这位新总监来到中国提出的一个要求是为自己配备一名得力的翻译兼助理，且总监要亲自面试。

这时，鹿露公司的HR总监汉克急得焦头烂额，因为这样的人很难在短时间内找到。首先，助理的英文要好，同时要有专业背景（涉及工程和医药），并且要熟悉公司。如果外部招聘，不要说一周内搞定，3个月都未必找到合适的。

不过当汉克觉得这个问题是烫手山芋时，却有人觉得它是个香饽饽。这个人就是森碟。森碟是HR专员，彼时正在和同事竞争当主管。她主动请缨把这个烫手的山芋揽下来了。

其实，森碟得知这个消息时就想到了解决方法。她第一时间就想到了鹿露。她和鹿露的主管王思思是闺蜜，时不时让鹿露帮自己修改英文邮件、翻译文件等。于是，森碟就去游说王思思，王思思又来说服鹿露去面试。

鹿露的主管王思思也是个有趣的人物。鹿露跟她关系很好。她表面上不求上进，实际上工作能力强，人情练达，对各种职场规则了然于心。就是因为她的这一特点，所以她才能够在公司"摸鱼"摸得游刃有余。

从鹿露一进公司开始，思思就指点了她不少门道。思思有句名言：打工不能打一辈子。于是她每日在公司"摸鱼"炒股、搞生意。反正自己已经是小主管，升不升职无所谓。 不过她真心希望并鼓励鹿露能在职业上取得更好的发展。

王思思觉得这就是个咸鱼翻身的好机会，鼓励鹿露无论如何都要去试试。鹿露半推半就地答应下来，"那我随便试试？"其实当时鹿露心里也没有底，虽然英语是自己的强项，但自己既不懂工程，也不懂医药。

王思思听到这一回答还白了她一眼："要么不干，要么全力以赴。随便试试算什么？你难道想一辈子在这里熬着？"

想到上一次在晚宴上让机会白白溜走，鹿露暗下决心，绝对不能再错过这次机会了，不然这一辈子就真的难有出头之日了。随后，鹿露马上买了两本砖头大小的医药英语词典和工程英语词典，抓紧时间背点单词，同时缠着森碟，求她帮自己补习一下面试技巧。这件事是森碟主动牵头，自然希望鹿露一举成功，这样自己也有面子，所以她非常乐意帮忙。

◆精华：把握机遇的艺术——从自我决定到职业锚的探索

鹿露的职场之路似乎起步于一份平凡且略显单调的工作，但正是这样的起点揭示了一个重要的职场真理。很多时候，职场成长不是靠努力熬出来的，而是靠机遇的把握。真正的机遇并非显而易见的，而是经常转瞬即逝，如果一位职场新人没有把握机遇的意识，就很难在职场初期获得太大收获。

我们常说"努力是成功的关键",但鹿露的故事让我们看到了另一面:机会的力量。这不仅是运气的体现,更是对个人洞察力和决策智慧的考验。经济学家和心理学家也认为,成功往往是努力和机遇的结合。机遇的识别和利用,往往能够决定职业路径的方向。

在职业生涯的关键转折点上,如鹿露所经历的那样,我们面临着重要的决策。这些决策不仅影响我们的当前工作状态,还决定了我们未来的职业道路。以下是一些实用的建议,能够帮助大家在职场关键时刻作出明智的选择。

(1)深入理解自己的真实需求。相信目前很多人和鹿露一样,大家可能也在某个平稳却缺乏挑战的工作岗位上。重要的是我们是否像鹿露一样识别了自己的真正需求。是更高的薪水?更多的学习机会?还是职业上的成就感?明确这些,将帮助你作出更符合自身期望的决策。

(2)评估工作与个人目标的一致性。在鹿露的故事中,她评估了当前工作与她个人职业目标的契合度。每个人都应该定期反思自己的工作是否能够满足个人发展需求。如果不行,那么也许是时候寻找新的机会了。

(3)不要害怕改变。鹿露面对改变时有些迟疑,这是很自然的。改变总是伴随着不确定性和风险。但是,职业发展往往需要我们走出舒适区。敢于尝试新的角色或行业,可能会为你带来意想不到的成长机会。

（4）善用身边的一切资源。在职场成长过程中很多人会埋怨自己没有升职机遇，但其实有些机会来自你最不在意的地方。保持与同事、行业联系和朋友的良好关系，可以在你寻求新机会时提供帮助，不要低估一切资源在职业转变中的力量。

（5）听从内心，但也要理性分析。面对重要的职业决策，听从内心的声音是很重要的，但同时也需要进行理性的分析。权衡各种因素，如工作环境、职业发展前景、薪酬水平以及个人生活状态等，从而作出全面的决策。

2.2 快速学习也是一种竞争优势

◆ **幸福来得太突然**

面试的日子终于到了。鹿露很忐忑地敲开达西的办公室门。

达西，德国人，40多岁，身材高大，肩宽腿长，一张棱角分明的长脸，金发棕眼，气场逼人，只是经常板着一张"扑克脸"。

面试中达西不紧不慢地用英语问着鹿露各种问题。鹿露已经记不得他到底问了什么专业问题了，因为自己一个都没回答上来。森碟的辅导也没用上，心里哇凉哇凉的，感觉面试彻底没希望了。

就在面试即将结束的时候，鹿露想着无论如何也要垂死挣扎一下，于是她说道："达西先生，虽然我唯一懂的关于工程的东西就是'工程'（engineering）这个英语单词，但是我可以学，而且我学东西很快。"

达西听后微微一笑："那请你举个事例来证明你是一个quick leaner（快速学习者）？"

鹿露思考片刻，举了一个大学做广交会兼职翻译的例子。这是她在一家箱包厂为老板做兼职翻译的经历，自己如何在一周之内熟悉产品的信息，工艺流程，并且出色地完成了翻译任务。老板非常满意，与她达成了长期合作。

达西思索片刻，笑着说："OK，虽然我没办法把你变成一个工程师，但是我应该可以让你懂一点工程项目管理的知识，如果你愿意学的话。"

"恭喜你被录取了。"达西主动伸手。幸福来得太突然，鹿露有点蒙了，这就面试成功了，简直不可思议。

◆精华：学习能力是捕捉机遇的重要工具

管理学大师彼得·圣吉说过一句话："未来唯一持久的优势，是有能力比你的竞争对手学习得更快。"在职场中，我们经常遇到需要快速适应新环境和挑战的情况。鹿露的经历就是一个完美的例子，她在最绝望的情境下展示自己快速学习的能力，这是职场中一种重要的竞争优势。面对一个全新的职位机会，她没有因专业知识的不足而退缩，而是用自己过去的经历和快速学习的能力说服了面试官，并因此牢牢地把握了这次机遇。可见快速学习的能力多重要。

鹿露的这段经历对于现代职场人士有着重要的启示。在一个变化迅速的职业环境中，那些能迅速学习新技能、适应新环境的人往往可以获得更多机会，即使在面对专业领域的不足时，积极的态度和愿意学习的心态可以成为你获得机会的关键。

2.3 如何面对不涨工资的升职

◆ 厚着脸皮要求加工资

森碟知道鹿露面试成功，也松了一口气。因为搞定了老板，HR总监也会给自己记一功，觉得自己办事相当得力，这的确是一个皆大欢喜的结局。

可是，机智的鹿露早就看穿了一切，她也有自己的清醒："面对不涨工资的升职不能沉默。"

鹿露暗想，我现在搞定了"扑克脸"，就有了跟HR总监谈判的筹码了。她连夜上网查了一下这个职位的市场薪酬情况，坐等HR总监上门。果然第二天，HR总监汉克通知她面试成功、办理一些交接手续，并且谆谆教导她要在新岗位加倍努力。

鹿露又厚着脸皮说："总监，我要升职，我要加薪，我要基本工资翻番。"汉克吃了一惊，心想你个刚入职一年的菜鸟居然敢跟我谈条件？然而，他也无计可施，毕竟"扑克脸"已经决定聘用她了，短期之内他也找不到第二个人选。

汉克既不想直接答应，又无法拒绝。于是，他来了一招缓兵之计："加薪幅度太大，这个需要达西和总裁特批，你先回去等消息。"当然这也是事实。只是鹿露真没想到居然要惊动总裁,赶紧服软,奉承汉克:"希望总监大人帮帮忙,多多照顾。"

事后,鹿露内心有点纠结,是不是自己狮子大开口了呢?忐忑地回去等消息,直觉告诉她,"扑克脸"不会在意这点小钱,可是总裁就不好说了。"早知今日,当时就不那么冲动了。"鹿露暗自悔恨。

◆ 精华:升职与加薪的艺术

职场绝对不是熬出来的,其实每一次升职和加薪更多是自己把握机遇争取的。而在争取升职加薪的过程中,谈判就成了一种充满智慧的游戏。鹿露的故事为我们拉开了这场游戏的序幕,展示了如何在这个游戏中脱颖而出。她的经历不仅是关于勇敢和机智的故事,更是关于如何在职场谈判中巧妙运用策略的故事。

鹿露升职加薪的结果我们暂且不说,仅从她的这段故事中,我们能够了解到两个关键理论:谈判理论[1]和锚定效应[2]。巧妙运用这些理论能够让我们在职业生涯中,获得更多升职加薪的筹码,实现个人价值的最大化。

---

[1] 谈判有广义与狭义之分。广义的谈判是指除正式场合下的谈判外,一切协商、交涉、商量、磋商等,都可以看作谈判。狭义的谈判仅仅是指正式场合下的谈判。
美国著名谈判专家尼伦伯格认为:"谈判是人们为了改变相互关系而交流意见,为了取得一致而相互磋商的一种行为。"
[2] 锚定效应(英语:Anchoring Effect,或 focalism),心理学名词,是认知偏差的一种。人类在进行决策时,会过度偏重先前取得的资讯(这称为锚点),即使这个资讯与这项决定无关。在进行决策时,人类倾向于利用此片段资讯(锚点),快速作出决定。在接下来的决定中,再以第一个决定为基准,逐步修正。但是人类容易过度利用锚点,来对其他资讯与决定作出诠释,当锚点与实际上的事实之间有很大出入时,就会出现当局者迷的情况。

首先，鹿露在获得新职位后没有得意忘形，而是保持了最基本的清醒——"面对不涨工资的升职不能沉默"，正是这种心态让她把握了加薪的机会，并以正确的心态与领导进行了加薪谈判。

谈判理论在这个故事中发挥了关键作用。谈判理论涵盖了诸如了解对方需求、清晰表达自己的需求以及寻找双赢解决方案等方面。鹿露在谈判中并不是单方面地提出要求，而是通过了解市场薪酬情况，以及基于自己的工作表现和市场价值，来合理地表达自己的加薪预期。这种策略使得她的谈判更加有说服力，也更有可能达成双方都满意的结果。

其次，锚定效应在谈判中也起到了显著的作用。锚定效应是一种心理学现象，指人们在作决策时过度依赖（或"锚定于"）最初接收到的信息。在鹿露的案例中，她通过提出一个较高的薪酬预期作为谈判的起点，巧妙地利用了锚定效应。虽然这个数字可能超出了公司最初的预期，但它设定了谈判的基准点，从而有可能使最终的谈判结果更接近鹿露的期望值。

在鹿露的故事中，我们不仅看到了谈判理论和锚定效应的有效运用，还能从中汲取灵感，来解决我们在职场中可能遇到的类似问题。

1.有效解决加薪和升职的谈判问题

很多职场人士在谈判加薪或升职时可能感到不自信或缺乏策略。谈判理论可以帮助他们更有效地表达自己的需求和价值，以获得理想的工作职位和薪酬。

2.克服谈判中的心理障碍

锚定效应常常使我们在谈判时受初始信息影响,导致结果不尽如人意。了解这一心理学现象可以帮助我们避免在谈判中被初始条件局限,从而达成更有利的结果。

相信这两个问题也是大家在职场中最关心、最重要的问题。至于如何巧妙运用谈判理论和锚定效应,建议有三点。

1.明确自己的价值和需求

在任何谈判之前,清楚地了解自己的市场价值和职业目标。这可以通过市场调研、自我评估和职业规划来实现。明确你的价值和需求,有助于在谈判中增加自信心。

2.设置合理的谈判目标

根据谈判理论,设定一个既合理又有竞争力的目标。比如,在加薪谈判中,提出一个基于市场研究和个人成就的合理薪酬范围。

3.运用锚定效应灵活应对谈判过程

在谈判中,尝试先提出你的条件,以此作为谈判的起点。这不仅有助于设定谈判的基调,还可能使最终结果更接近你的期望。同时,在谈判过程中保持灵活和开放的态度,要准备好应对可能出现的反驳并及时调整谈判策略。比如,鹿露在遇到汉克拒绝时及时退让,这就是灵活的应对。

通过鹿露的这段经历,我们可以看出谈判理论和锚定效应在解决职场中的实际问题方面具有很大的实用性。无论是面对升职加薪的谈判,还是日常的工作沟通,这些理论都能提供有效的指导,帮助我们在职场中更加游刃有余。

2.4 老板是如何主持公道的

◆ 不知不觉闯了祸

在鹿露等待升职加薪结果过程中，还发生了一段小插曲。回忆起这段经历，鹿露至今还在庆幸，幸亏当时有贵人相助。这段小插曲就是鹿露差点被公司裁员。

其实，事情还要从半年前说起。鹿露作为新人入职，没有遭受过职场毒打，眼神里都闪烁着清澈的愚蠢。初入职场，新人免不了会受到一些不公平待遇，被老员工和领导呼来喝去。鹿露的主管王思思也是默许的。

鹿露脾气虽略有骄纵，但也算嘴甜勤快，不过分的活儿也都爽快接下。敲黑板，画重点，咱只接受不过分的活儿。

偏偏有的人就是那么过分，得寸进尺。其中崔西就是典型中的典型。崔西是人力资源主管，负责管理员工的薪酬福利，说是主管，其实只是个光杆司令。30多岁，相貌平平，能力也不出色，性格有些刁钻刻薄，跟部门的同事都合不来，在公司的风评也很差。

理论上崔西和鹿露不是一个部门，并不是她的直属上级。偏偏这女人就喜欢拿着鸡毛当令箭，直接把鹿露当自己助理使唤，帮她整理、翻译各种文件、修改英语邮件、打印分发资料、到社保局跑腿等。

鹿露虽然有些不满,但直属领导也默许,所以只要自己不忙,大部分工作也就帮她做了,并暗暗劝自己就当是学东西。

有一天,鹿露正忙得不可开交,崔西过来说:"鹿露,这个报告我很着急的,3点钟之前翻译好给我,我要发给总裁的。"

鹿露面有难色:"可是我在做预算,也非常着急,下午要交给财务部。"崔西拉着一张脸:"财务部重要还是总裁重要?" 鹿露年轻气盛,直接反驳道:"这也不是我的工作,要不然你自己做。"话音还没落地,主管王思思搭话:"小鹿呀,崔西着急,你就先帮她做一下吧。预算的事儿,我跟财务说一下明日再交。"

鹿露嘟嘟囔囔地接下了活儿,崔西得意地走了。这份报告特别长,鹿露费了九牛二虎之力,总算在3点钟前发给了崔西。崔西假惺惺地回了个thanks。

"呸,不要脸,肯定又在英文报告上写上自己的大名跟领导邀功。"鹿露暗自吐槽。

本以为这事就过去了,第二天却引来了轩然大波。

一大早,崔西就气哄哄地上门找茬了:"你怎么做事情?这么重要的数据,你都能弄错。现在总裁怪罪了,你说怎么办?"

原来英文报告上一个重要的数据少打了一个0。总裁发现后直接把邮件打回给HR总监汉克。汉克刚把崔西叫过去训了一顿。崔西又把这口锅甩在鹿露的头上。

鹿露一脸无辜:"不可能,我是按照中文对照翻译的,之后才把中文删掉的。而且我检查了3遍。"

"做事粗心大意还狡辩。"崔西不依不饶,势必把这口锅按在鹿露头上。思思照例当个和事佬,又批评了几句鹿露,把崔西哄了出去。

只是鹿露越想越气,有功你领,黑锅我背。翻了原文件,更生气,确实是崔西粗心把数据写错了。去他的"忍一时风平浪静,退一步海阔天空",这口气绝对不能咽,我这就让领导看清你的真面目。

鹿露埋头写了一篇500字英语小作文,把整件事情的来龙去脉解释清楚,发给了崔西,还抄送给了主管思思、总监大卫和总监汉克。心想,领导还不赶紧来给我主持公道!

崔西收到后,气得鼻子都歪了,双方你来我往,邮件互怼了好几个回合。

汉克开完一天会议,打开邮箱一脸蒙:这是哪里来的愣头青?怎么和我的部门主管怼起来了?还发了这么多邮件?

秉承着"亲民"的态度,汉克回了个邮件,安抚了鹿露,表示会认真处理此事。

鹿露大获全胜,内心得意极了,看崔西以后还敢不敢使唤我,还甩锅。总监肯定觉得我能力很强,说不定趁机提拔我,坐崔西的位置也不一定。

王思思无奈地看着鹿露:"你呀你呀,还是太年轻。"

鹿露心心念念着汉克为自己主持公道,起码把崔西训斥一顿,或者给自己道个歉也好。

然而,风平浪静,无事发生。但也不是全然没有好处,之后,崔西再也没有使唤过鹿露。

实际上,大卫、汉克压根没有心思理会这种破事,他们正发愁公司裁员的事情。鹿露和其他部门主管激情互怼的邮件,他们也没有看完,直接移进垃圾箱了。

一个星期之后,和鹿露一起到公司入职的好闺蜜袁圆约鹿露逛街吃饭。这才让鹿露发现自己多么可笑。袁圆的职位是总裁助理,身材高挑,容貌秀丽,能办事会做人,亚太区总裁陈彼得是美籍华人,祖籍和袁圆是同乡。自然对她喜爱又亲切。

鹿露手舞足蹈、绘声绘色地跟袁圆讲述自己智斗崔西的英雄事迹。结果袁圆气得捶了她一拳:"我的小祖宗,你不知道自己闯了多大的祸吧。我今天就是来告诉你,你上公司裁员名单了,你不知道吧?我费了九牛二虎之力才把你的名字给划掉了。"袁圆说完怒饮了半杯珍珠奶茶。

"啥?我上了裁员名单?我犯啥错了,为什么要裁掉我?"鹿露又震惊,又生气,又后怕。还没找到下家就被裁了可怎么办?

"小姑奶奶,谁叫你狗胆包天跟主管激情互怼。你还真以为总监会为你主持公道。你不要这么天真好吧,他写的就是你不服从管理，与同事关系紧张，计划把你裁掉。"

上文提到，大卫和汉克正头疼公司裁员的名额摊谁头上，鹿露就撞枪口上了。一个其他部门的新员工，刚好拿去挡枪子。为什么不裁崔西呀？崔西再差也是个主管，怎么都比鹿露有价值，何况还是自己部门的。

名单送到总裁办签名，袁圆一眼就扫到"鹿露"。当时袁圆一惊，怎么她也在上面？如何把鹿露保下来着实让袁圆花费了一番心思。

幸亏当时总裁要出差，两天后才回来，袁圆就先不拿文件找他签名。袁圆准备等总裁回来，然后挑个风和日丽、心情大好的日子再拿给他。

两日后，总裁归来，同时谈成了一笔大生意，自然心情大好。袁圆冲了一杯咖啡，把名单呈上来："陈博士，出差辛苦了。这是汉克提上来的裁员名单，需要您审批。"

总裁陈彼得是生物医药专业博士，觉得叫"陈总裁"太俗气，最喜人家叫他"陈博士"。

名单递到总裁手上后，他发现"鹿露"两字旁边不知有意还是无意，点了一个小黑点。

"鹿露，这小姑娘你认识吗？"总裁一边喝着咖啡一边问。

袁圆内心不禁警惕起来，不会吧，难道鹿露的英雄事迹也传到总裁耳里？随后微笑地答道："认识，跟我同一批进公司的，刚毕业。中山大学英语系的,性格挺外向,之前客户答谢晚宴她也帮忙筹备了。"

"你们很熟吗?"总裁继续问道。

"也不是很熟,不过我们是一个地方的,平时多聊两句。"袁媛暗想,可不能让他听出我在说好话。这死丫头就知道给我添麻烦。

"哦,还是小老乡呀!"总裁若有所思,"算了,跟汉克说,把她名字去掉,再送过来我签名。"就这样,鹿露侥幸逃过了裁员。

袁圆道:"我说鹿露呀,你可长点心吧。你跟主管吵架,还越级跟总监投诉,你不会想着老板会给你主持公道吧?老板才懒得管你这些破事呢。以后你再这样,我可不管你了。"

鹿露赶紧讨好袁圆:"感谢总裁助理救命之恩。这个月发工资,吃饭、唱歌、SPA都算我的。我以后再也不敢了。"

◆精华:职场中的权力游戏和情绪管理

无论公司与平台的大小如何,职场中都充满了权力的游戏和情绪的博弈。通过鹿露这段经历,我们首先需要清楚一个职场铁律,这就是"老板不会在乎公道,只会在乎价值"。如何展现个人价值才是职场生存、博弈的关键。

鹿露的这段经历从反面告诫了我们应该如何在职场中应对权力,又应该如何进行自我情绪管理以及价值评估。

很多人到现在都不知道，职场中实现个人价值最大化的方法绝对不是局限在工作岗位上，更不是盲目地勤奋，有效地面对职场中类似的挑战，恰恰是展现个人价值最大化的正确方法。其中会运用到权力动态理论[①]、情绪智力[②]、价值评估理论[③]和冲突解决策略[④]等。这些策略非常适合于职场中有效地应对各种关系挑战，让我们在保持职业发展的同时，更加巧妙、全面地展现个人价值。下面，我们就来详细了解一下这些理论。

首先，权力动态理论深入探讨了组织内部的权力结构，关注如何有效地识别和运用权力。它不仅关乎职位的高低，更涉及决策权和影响力的分布。在职场中，了解谁拥有决策权、谁能影响结果，对于个人职业发展极为重要。在鹿露的经历中，她需要理解上司、同事以及组织内部的权力结构和动态，这对于她在职场中的生存和发展至关重要。权力动态不仅关乎职位的高低，还包括影响力、沟通能力和决策权。有效地理解和运用这些权力动态有助于在复杂的职场环境中更好地保护自己。

其次，情绪智力主要是指理解和管理自己的情绪以及有效地识别和应对他人的情绪的能力。高情绪智力的人能更好地处理人际关系，减少冲突，提高工作效率。在职场中，情绪智力能帮助我们

[①] 权力动态理论主要用于描述和分析个人、团体或组织内部的权力关系及其对行为和决策的影响。它强调，理解并有效地运用组织内的权力关系对于个人职业成功和组织效能至关重要。这包括识别谁拥有决策权、如何在复杂的组织结构中有效地运用个人影响力，以及如何在职场中建立和维护有效的工作关系。

[②] 情绪智力又称情商，这个概念是由美国耶鲁大学的萨罗威（Salovey）和新罕布什尔大学的玛伊尔（Mayer）提出的。它是指个体监控自己及他人的情绪和情感，并识别、利用这些信息指导自己的思想和行为的能力。

[③] 价值评估理论是一个经济学理论，是关于内在价值、净增加值和价值评估模型的理论，是财务管理的一个核心理论。在这里主要指员工自我价值评估、界定。

[④] 冲突解决策略，即面对冲突时进行成因分析，并思考解决方法的策略。

建立更加稳健与和谐的工作关系，从而提高团队协作能力和工作效率。鹿露在处理与上司和同事的关系时，恰恰需要较高的情绪智力，可惜当时的鹿露还不具备。如果她能够明白职场中有效管理自己的情绪反应，并理解他人的情绪状态，不仅可以避免不必要的冲突，还能促进和同事间更有效的沟通和协作。

再次，价值评估理论着重于识别和提升个人在组织中的价值。这包括理解自己的核心技能、贡献以及如何增强个人在职场中的影响力。认识到自己的价值不仅有助于个人成长，也有助于在职业发展中作出更有利的决策。鹿露在职场中不仅要关注自己的职责和表现，还需要评估自己对组织的贡献。理解和提升个人在职场中的价值对于职业发展至关重要，特别是在谈判加薪和升职时。

最后，冲突解决策略能够为处理职场冲突提供一套有效的工具和方法。特别是在越级投诉和管理层面的冲突时，这些策略尤其重要。它们帮助我们以建设性的方式解决问题，而不是加剧矛盾。鹿露在面对潜在的职场冲突和越级投诉时，需要运用这些策略来寻找解决问题的方法。有效地构思冲突解决策略不仅能帮助我们解决问题，还能减少职场压力，提高工作满意度。

对于以上四种关乎大家职场生存、发展、晋升的策略，有以下几点运用建议，相信这些建议能够帮助大家更巧妙地运用它们。

1.在作职场决策时多考虑权力结构

在作出任何重要决策之前，我们要先考虑职场中的权力结构。

了解谁是关键决策者，他们的偏好和影响因素是什么，以及你的决定如何影响这种动态。切记，我们的决策不伤及这种动态是基础，如果我们的决策利于这种动态则是首选。

类似鹿露这类被领导无故甩锅的情况，在职场中时有发生，很多人选择与领导正面对抗恰恰是因为没有考虑职场的权力动态结构，没有认清这种决策带来的后果。从权力动态结构角度出发，这种与领导正面对抗的方法只会对权力关系带来不利影响。领导之间处理这件事并不会产生太多利于团队发展的结果，反而会影响领导之间的关系。所以，最终受害者更多是没有权力的员工。所以，在职场决策时多考虑权力结构，有助于我们更理智地决策。

2.正确评估自己的价值和影响力

定期评估自己在组织中的价值及影响力，这有助于我们处理各种职场冲突，以及定位自己在组织、团队中的位置。价值与影响力不仅包括你的技能和贡献，还包括你如何影响团队和组织的决策。因为职场中价值和影响力才是晋升的关键，也是冲突中衡量双方强弱的砝码。正如鹿露通过这次经历，彻底认清了一个道理：老板根本不在乎公道，他在乎的是价值。谁能为他、为公司创造更多的价值，他就站在谁那边。而一名薪酬主管的价值肯定比一个刚毕业的小助理更大。老板肯定是要保最有用、最有价值、关系最近的人。

职场中大部分越级冲突，基本上都是谁弱谁倒霉。这种越级大战，除非你有必胜的把握可以一举击垮对手，或取而代之，不然后果堪忧。

3.提升情绪智力,保持情绪稳定

现代职场中,没有一种工作不辛苦,没有一处人事不复杂。控制不住自己情绪的人,能力再大也很难成事。发脾气是本能,控制脾气是本领。让自己保持理智和冷静,管理自己的情绪,在糟糕的形势下作出正确的决定,这些是职场人必备的情绪智力。

所以,我们需要在工作中保持冷静和专注。当面对压力或挑战时,学会有效地管理自己的情绪反应。这不仅可以帮助你更有效地与同事沟通,还能在必要时提供给别人支持和理解。

2.5 职场升职加薪的秘密

◆ 第一次升职加薪

汉克让森碟准备鹿露加薪的相关事宜。森碟按照汉克的交代准备好了岗位说明书。到填写岗位变动申请表的时候，岗位头衔是项目总监助理兼翻译。

森碟查了鹿露目前的年薪为5万元，确实是不高，甚至可以说鹿露薪资水平明显低于市场行情。通常情况下，在现有薪资水平正常的情况下，升职加薪的幅度一般为现有薪资水平的20%~30%。问题是鹿露提出的要求是年薪翻番。不过按照公司规定，被升职者的现有工资特别低且表现特别好的情况下，经总裁特批，可以给予更高的加薪。

森碟知道汉克加薪很抠门，一般难得见他肯给到30%的上限，若是一次性提升太多他肯定不会同意。何况森碟本人多少觉得鹿露此番未免太过幸运，她也不愿意鹿露一次性薪水翻番。琢磨了半天，她在"建议年薪"一栏里填了"6.5万元"。

森碟把表格送去给汉克，汉克一看立刻说："这个薪水不对呀？" 森碟脸色微变，觉得汉克看穿了自己不愿意给鹿露加足薪水的小心思。她争辩道："汉克，这个薪水会不会涨太快了？先加个30%，以后还有上涨的空间，也能鞭策她继续进步。等一年后，如果她干得好，分部也会再给她加薪。"

汉克连连摇摇头，说："认可要及时。认可不及时，鼓励不及时，乃用人大忌。在她最想要的时候给她，才能起到最好的作用，等到她都麻木了，你再给她，就不会有现在给的激励效果了。"

森碟自讨没趣，只得连连称是。汉克继续问道："这个职位在市场上的薪资水平是多少？"

森碟有点尴尬，回道："按照市场水平，年薪12万元。"汉克沉思了片刻，短时间再找到合适的人不容易，这次最好让她满意。另外这笔加薪预算是项目部的，要省钱也轮不到他来操心。如果有问题达西自然会提，若达西不提，他何苦自讨没趣。

汉克打定主意："那就按照她自己要求的，加薪幅度100%，给她年薪10万元。她目前的工资是低了点，这个价格已是低于市场平均水平了。送去给达西和陈博士特批吧。"

森碟牢记社畜第一守则：随时和老板保持一致。她不再试图解释或者阻挠，马上答道："好的，我回去就把申请改好，10分钟后给您送来。"

这段时间，鹿露担心因越级投诉影响她升职，忐忑好久。最后发现杞人忧天了。汉克拿来一份升职确认函告诉她，"扑克脸"没有意见，总裁思考了片刻也大笔一挥同意了。

鹿露自然对汉克千恩万谢,心里却暗想:"哼,你裁我之仇我就原谅你吧。"就这样,鹿露的年薪涨到10万元,职级从2级升到了4级。此刻,她得意极了,觉得自己真是运筹帷幄,有勇有谋。而"扑克脸"也一直遵守着他的承诺,在跟他一起工作的日子里,手把手地教了鹿露很多东西。尽管之后不在一起工作了,鹿露也和他保持着联系。

那么,"扑克脸"究竟为什么聘用鹿露呢?是因为她特别聪明,特别勤奋好学吗?

多年后的一天,鹿露忍不住问了他这个问题:"你当年为什么决定聘用我?我那时候看起来完全是个什么都不懂的小白。""扑克脸"听后哈哈大笑:"我很高兴你终于问了这个问题。有两个主要原因。第一,你是总裁的人,我初到中国,我需要一个来自权力中心的人。第二,你的样子看起来很想学点东西。"

鹿露当时也是一惊。总裁的人?莫非他也知道我和总裁助理是闺蜜。

哼,真是老奸巨猾。说好的慧眼识珠,说好的伯乐遇上千里马,事实上都是满满的套路。同时,鹿露突然明白了另外一个道理,总裁在她成为达西的助理后,突然对她多次亲切友好的关照。这也是因为我是达西的人,达西是德国总部的人。果然职场还有一个铁律,这就是"打狗也要看主人"。

这是鹿露的第一次升职加薪,也是最重要的一次。

◆ 精华：职场通用的大道理

鹿露第一次升职加薪的结果可谓皆大欢喜，想必大家也从中了解了职场升职加薪的相关套路。不过，这不仅是自己升级加薪的问题，还有其背后隐藏的一些职场通用大道理。首先，在职场中，每个人都渴望升职加薪。机会比努力重要，积极争取比被动等待有效。只有抓住机会才能早日获得出头之日，不过机会很难得，识别机会、抓住机会，甚至没有机会创造机会，才是重点。这恰恰需要我们牢记，职场当中我们需要把握更多机会巧妙地展现自身价值。

其次，广结善缘，互利共赢。职场人际关系既竞争又合作。套路无处不在，你以为你在算计着他人，其实他人也在算计着你。你以为自己运筹帷幄，其实一切皆在别人的算计之中。永远不要介意他人因你得利，互利共赢才是王道。

除了鹿露升职加薪的感悟之外，这段故事中还有两个要点需要我们关注，这就是森碟牢记打工人第一守则，即随时与老板保持一致。森碟的行为反映了许多职场人士的现实考量：为了个人职业安全和发展，他们往往需要在个人意愿与组织要求之间寻找一个平衡点。

另外，"打狗也要看主人"这不仅是鹿露的调侃，也是职场关系现状，是我们不可忽视的职场相处法则。鹿露的成功不仅因为她的努力和能力，还因为她正确地识别了组织内部的权力动态，与掌权者保持良好关系，并利用权力关系和各种信息为自己的升职加薪铺平了道路。

总体而言，不管是鹿露升职加薪的结果，还是森碟牢守的职场法则，这背后都关系到两个重点。一是机会识别与把握思维，二是组织政治理论①。机会识别与把握思维是指在不断变化的职场环境中，能够迅速辨认并利用机会的思维。具备这种思维往往能更快地实现职业上的飞跃。

当然，这要求个人保持对环境的敏锐洞察力，同时有能力评估机会的潜在价值并迅速行动。这种能力涉及对市场动态、组织需求和个人职业路径的深入理解，以及将这些认知转化为有效行动的能力。

同时，组织政治理论为我们揭示了另一个重要的职场维度。这一理论认为，个人在职场中的成功不仅取决于他们的技能和努力，还在很大程度上受到组织内部政治动态的影响。这意味着，有效地运用组织政治策略对推动个人目标至关重要。这包括了解谁掌握着决策权力、如何与关键决策者建立关系、如何在组织权力结构中巧妙地定位自己等。个人需要学会在这个复杂的政治舞台上舞蹈，同时保持自己的职业道德和原则。

综合来看，机会识别与把握思维和组织政治理论共同构成了职场成功的关键元素。前者强调了识别和利用机会的重要性，而后者则着重于在组织内部有效地推进个人目标。理解并应用这两种理论，可以帮助个人在职场上更好地前行，实现他们的职业抱负。

---

①组织政治理论是一门涉及组织行为学和管理学的专业理论。它关注的是组织内部的权力和影响力如何被个人或群体用来达到个人或集体的目标。

关于如何使用这两种理论，有两点建议。

1.主动培养自己的机会识别与把握思维

当代职场中最常见的打工者就是麻木者和盲目者，这类打工人看似忙碌、辛苦、积极，事实上更多在埋头苦干。想要改变这一状态，我们就需要告诉自己，敏锐观察职场中的变化，努力识别升职加薪的机会，同时制定有效策略来实现目标。这意味着不仅要关注自己的日常工作表现，还要了解组织的整体动态，把握时机，主动提出自己的想法和建议。

2.增强组织政治智慧

养成在组织内积极建立人际关系的好习惯，理解并运用组织内的关系策略，以促进个人的职业发展。这包括学会如何与不同层级的同事和管理者有效沟通，如何在组织中建立积极的形象以及如何在决策过程中有效地表达自己的观点。

通过运用这些理论，个人可以更加有力地在职场中推进自己的职业发展，同时也能更好地理解和应对复杂的职场环境。这不仅对于那些追求升职加薪的职场人来说至关重要，对于任何希望在职业生涯中取得成功的人来说，都是必不可少的技能。

2.6 职场的"香饽饽"是不是真的香

◆ 利弊共存

鹿露的职场生涯实现了升职加薪的重要进步,这自然是一件可喜可贺的事。按照惯例,鹿露肯定是要和同事、朋友们吃吃喝喝、依依惜别一番,再接受一下老领导的谆谆教导,最后叮嘱一句:"苟富贵,勿相忘。"

或许很多人不明白,不就一个总监助理兼翻译的职位调动,至于如此吗?可真正在职场摸爬滚打,了解职场晋升逻辑的人都懂,这是一个含金量极高的职位。其实,一个职位的含金量高不高,不是看它的title(名称),而是要看它所处的位置,以及它面对的人群。

在SK公司,总监助理兼翻译这个职位是普通员工晋升的优质跳板。

第一,阿尔法项目是公司生死攸关的战略项目,投资约2亿欧元,当年大概市值20亿元人民币,落成之后,能让公司的现有产值翻三番,在广州市也能成为头部企业。这一项目不仅公司总部重视,广州市领导也十分重视,阿尔法项目的奠基和落成典礼,各级领导也来捧场剪彩。

第二，项目总监达西是欧洲总部特派的，他除了需要向集团的项目委员会汇报，大部分工作在中国区域基本上属于独立。无论资金、还是人员达西都可全权负责，连总裁也不能干涉。

第三，职业发展前景好。鹿露私下打听过了，公司第一代项目的总监助理，卸任后，升为采购主管，之后又成了采购经理。

"我们的这个项目投资更大、规模更大，重要性也更高，在这获得的功劳肯定也更大。"鹿露暗暗觉得自己以后能不断升职。于是，办好相关手续后，鹿露就雄赳赳气昂昂地到项目部报到了。

项目部是单独的一层楼。东边的一排独立办公室是给老板们的，西边是几间会议室。中间的办公区域有50多名中、外工程师办公。

鹿露的"社牛"（社交厉害）属性凸显，上任第一天就和工程师们热情地打招呼，顺便观察哪个位置是风水宝地。所谓风水宝地自然是能够隐蔽好自己的办公地点，这样"摸鱼"做副业的时候就不会被老板和同事发现。

在鹿露还在畅想未来美好生活的时候，"扑克脸"洪亮的声音响起来，"欢迎你加入我们团队"，鹿露险些吓一跳。

"你的位置在这里。""扑克脸"径直地把鹿露领到自己的办公室里面。

我的天哪，就坐在他对面？还是正对面。背对门口和透明大窗户，那自己以后还怎么"摸鱼"做副业？鹿露瞬间感觉压力山大。

"老板，这合适吗？"鹿露还是决定垂死挣扎一下。"当然，方便我安排你的工作。""扑克脸"道。

鹿露内心瞬间要崩溃。她明白,这代表迟到、早退、"摸鱼"、聊天、嗑瓜子的惬意生活彻底一去不复返了,而且每天的大部分时间还要直面"扑克脸"。

另外,因为这份新工作,鹿露的上班地点变成了在郊区的子公司。虽然公司每天七点半有班车接送,单程一小时。每天坐一个小时班车来到办公室,看到"扑克脸"老板已经坐在你的对面,还要甜美地道一声:"good morning,boss!" 一想到这种生活,鹿露就感觉上班比上坟还沉重。

◆ 精华:如何评估职位的含金量

升职加薪绝对是职场发展的一大幸事,但我们需要明白一个重要的道理,这就是升职加薪的背后一定代表着更多责任,以及工作事宜、工作状态的转变。升职加薪究竟"香不香",这要看我们是否把这件事看透,否则很容易遇到明升暗降,甚至职业生涯到此为止的难题。这一过程中涉及两个关键:一是我们能够看清职位的含金量;二是我们能够胜任这一职位。

从故事中来看,鹿露的眼光还是十分独到的,她对新职位的含金量的分析十分透彻。其中包括职位重要性评估、职位权能及影响力评估、职业发展前景评估三个方面,这也是我们衡量一个职位含金量的关键。

1. 职位重要性评估

职位重要性评估是基于组织行为学中的"角色重要性"理论对职位进行的重要程度评估，这一理论认为职位的重要性不仅取决于它在组织结构中的位置，还取决于其对组织目标的贡献度。在职场当中，及时进行职位重要性评估可以帮助我们了解一个职位在组织中的核心性以及其对实现组织目标的贡献。这不仅关系我们的日常工作职责，而且涉及我们的工作在实现公司大目标中的作用和意义。例如，如果我们的职位直接关系到公司的核心项目，那么这个职位的重要性自然不言而喻。

在评估一个职位的重要性时，我们需要考虑这个职位在整个组织或项目中的核心性。这不仅关系职位的日常职责，更涉及职位在实现组织目标中的作用。例如，在鹿露的案例中，阿尔法项目的战略意义决定了与之相关职位的重要性。

2. 职位权能及影响力评估

职位权能的影响力评估与管理学中的"权力和影响力"理论相呼应，"权力和影响力"理论提出个人的影响力不仅取决于其正式职权，还取决于其在非正式网络中的位置和能力。这一评估可以帮助我们理解和提升自己在职场中的地位以及如何通过职位的权能和影响力更有效地推动工作。

从这一维度出发，我们评估职位含金量时自然要考虑这一职位在组织中的权能范围和影响力大小。例如，对于鹿露来说，她的新职位直接与总部高层和关键项目相关，意味着她可以拥有更大的影响力和决策权。

3.职业发展前景评估

职业发展前景是每一个职场人关注的重点，而职业发展理论中也明确强调了个人职业发展应与其长期职业目标和潜能发展相匹配。我们需要考虑职位提供的升迁机会和职业发展空间，确保我们的职业选择与个人的长期职业目标和兴趣相符合。所以，职位调动过程中我们必须进行职位发展方向与空间的考量。比如，鹿露就考虑到，这个职位能为她提供进一步升迁的机会和更广阔的职业发展空间。

总体而言，这三项理论的应用帮助我们在面临职位变动时作出全面和深入的考量，确保所选职位不仅能满足当前需求，更能促进个人职业生涯的长期发展。通过职位重要性评估、职位权能及影响力评估，以及职业发展前景评估，我们能够更清晰地看到职位的全貌，从而作出更明智的职业决策。关于如何巧妙运用这三种理论准确衡量职位的含金量，希望大家牢记以下几个重点。

1.重视职位在组织中的核心性和影响力

当你评估一个职位时，不要只关注其职位名称和待遇，而是要深入理解它在实现组织目标中的作用。这个职位是否让你有机会参与关键的决策？是否能让你在公司的发展中扮演重要角色？

如果这个职位能让你有机会与公司的高层领导或关键决策者直接合作，这绝对是提升自己职业价值和影响力的好机会。

2.分析职位的权能及影响力

考虑这个职位能否让你在组织中有更大的影响力。例如，你是否能够通过这个职位推动重要项目，或是影响关键的业务决策？在职场中构建良好的职场关系网络，与不同部门和层级的同事建立联系，可以帮助你在职场中更好地发挥自己的影响力。

3.职业发展前景的考量

在考虑接受一个新职位之前，思考它是否与你的职业发展目标一致。这个职位是否能提供你需要的技能提升和职业成长？职场中我们要不断提升个人技能和知识储备，以适应职位的要求和未来的职业发展需求。

2.7 不能胜任新工作，该怎么办？

◆ 适应新工作

在接下来的日子里，鹿露彻底成为"扑克脸"的24小时贴身"嬷嬷"，身兼翻译、秘书、打杂、采购员、公关等多个职位。事实证明，老板给你涨工资是为了更好地压榨你的剩余价值。鹿露清闲的职场生活不复存在，下班回家本就比原来晚了一个小时，时不时还要加班应酬，工作日鹿露彻底没有精力再折腾副业了，只有周末、节假日才能接点活儿干一干。

涨工资的部分抵消掉副业损失部分，总收入实际没增加多少。当上"扑克脸"贴身"嬷嬷"的鹿露很快迎来了职业生涯的第一场正式翻译：一场内部的工程进度会议。

鹿露摩拳擦掌准备大显身手，心想"姐一定要用一口流利的英语亮瞎围观群众的狗眼"。然而，当工程师们一开口，她就想爆粗口。

什么情况？确定这是中国话吗？为什么我一个字都不懂。什么叫"氨氧化"（ammonia oxidation）？什么是"三甲基丙丁（吡啶）"（trimethylpyridine）？尝试翻译了几句开场白后，鹿露就彻底放弃了垂死挣扎。不要说翻译英文了，会议内容大部分是鹿露的中文知识盲区。她绝望地坚持到会议结束，满脸生无可恋。

回到办公室之后，鹿露像霜打的茄子，蔫了。好在达西是个面恶心善的主儿，他假装很轻松地耸耸肩膀，说道："鹿露，我觉得第一次翻译这种会议表现不佳很正常。你知道吗？我的前妻是中国香港人，她如果遇到非常困难的单词，她就直接夹杂着英文翻译出来……"

"但是，我想你还是应该尽快赶上来，不然这份工作你很难做下去。It is a challenge!（这是一个挑战）。"最后，"扑克脸"还是提出了要求。

不过这番鸡汤加棍棒的鼓励法令鹿露深受触动。按照达西的思维逻辑来说，听完自己的话，鹿露应该决定发愤图强，成为一个顶尖的翻译人才，惊呆所有人。

但可惜，打工人的逻辑不是这样的。趁着达西离开办公室的空当，鹿露默默地拿起电话，打给前主管王思思："老板，这个工作好难做，我想回去。"

"什么？"王思思在电话那头气得差点吐血。"你想得美。告诉你，这里没你的位置了，你给我好好在那边待着。"说完啪一声挂断了电话。

王思思这么说一方面是为了激励鹿露，另一方面也确实是实情。鹿露调走之后，她招了新人来顶空缺，两天后就入职了。按照惯例，周五晚上部门聚餐，迎接新人，王思思打电话让鹿露也一起参加。

晚上，鹿露躺在床上翻来覆去睡不着："现在连后路都断了，不在项目组就只能走人。如果辞职不干，那还要辛苦找工作，房租水电吃饭样样要花钱。再找新工作也没那么容易，工资也不一定有这么高。因为丢了一次脸就闹辞职也不划算。"

鹿露思来想去，还是不能辞职。"唉，脸这种东西丢着丢着就习惯了，反正我脸皮厚。所谓天将降大任于是人也，必先苦其心志，劳其筋骨，饿其体肤，空乏其身，行拂乱其所为……"

鹿露自有一套精神调节法，经过一番自我安慰之后，感觉好多了，第二天又可以去上班了。周五晚上，部门的迎新聚餐，调岗之后下班晚，鹿露姗姗来迟，同事们已经入席了。鹿露风风火火推开门："哎呀，大家久等了呀。今天的班车太堵了。"

王思思招呼她坐下："快坐下，给你介绍个新同事。" 鹿露的眼睛停留在这个陌生又熟悉的面孔上，惊叫道："马玉，怎么是你？"马玉也被惊讶到了，她回头看到鹿露的微笑脸庞，笑答道："鹿露！哇，好久不见。没想到我们会在这里相遇。"两人迅速走近，相互拥抱。

马玉个子不高，比鹿露略矮一点，身材纤瘦，皮肤略黑，脸上一双无辜的大眼睛似有愁容，穿着打扮非常朴素。

王思思笑道："你们认识啊？"鹿露笑嘻嘻地回答："对呀，我们俩是高中同学。"王思思继续说："这世界还真小啊。既然你们是同学，那就更好办了。马玉刚接手你之前的工作，你多带带她。希望你们能够在工作中相互支持和共同成长。"王思思的鼓励让鹿露和马玉倍感温暖，两人感激地点头表示感谢。晚餐开始，众人推杯换盏，热热闹闹。

晚餐后，鹿露、马玉相约到附近的奶茶店叙旧。店内弥漫着浓郁的茶香，窗外是高楼大厦透出的明亮灯光，宛如星光点点。鹿露轻轻吹着杯中的热气，关切地望着坐在对面的马玉，问道："玉玉，这几年过得怎样？工作都顺利吗？"

马玉叹了口气，脸上露出一丝无奈："实话告诉你，不是太顺利。毕业的时候，我不想待在长沙就回广州找工作了，结果四处碰壁。广州本地高校人才本来就多，机会自然就少了很多。后来我进了一家民企，不仅要加班，同事间还勾心斗角，我实在干不下去了。"

鹿露轻轻拍了拍马玉的手，鼓励道："哎，那你就来对地方了。SK就没有这些破事。同事们都很好的，思思也特别好。唯一的缺点就是工资不高，升职加薪有点慢。"鹿露把自己在SK的经历简要地跟马玉分享了一番。

马玉点点头："升职加薪慢慢来嘛，你以后多带带我。"

后来，陈克偷偷和鹿露八卦，马玉是王思思同校学妹。她吃苦耐劳、安分守己、办事也麻利，思思就帮她内推了，顶了鹿露的空缺。鹿露恍然大悟："怪不得到岗这么快。"

鹿露得知自己退路全无，衡量利弊又不想辞职后，立刻明白想办法提升业务能力才是关键。

随后,她便开始发愤图强。每天晚上临睡前,她开始背英语词典、英语药典、工程英语、制药流程等专业知识。这种勤学苦练的方法非常有效,迅速治愈了鹿露晚睡、失眠的问题,只要背上5分钟,睡意就来,且睡眠质量超高,只不过无法胜任新职位的问题还是没办法解决。

这时鹿露意识到,这种方法真的不适合自己,还是得用自己最擅长的方法——找捷径。

对于工作而言,最快上手的方式就是"在做中学"(learning by doing)。鹿露明白,自己并非英语基础能力不足,而是相关专业领域接触较少。公司里很多工程师甚至对英语并不精通,但正是因为平时听得多,用得多,所以各种专业词汇也能信手拈来。所以,解决这一问题的方法最好是多听多做,死记硬背收效甚微。

鹿露想到的方法就是多参加会议。项目组里有各个级别、大大小小的会议。有些会议只是工程师之间的会议,达西和鹿露都不需要参加。后来,鹿露一有空就溜去旁听。一开始她也是听得一脸迷惘,多听几次,就听得懂一些。如果还不懂就问别人,工程师大多是单纯技术宅男,很乐意传授经验。当然,达西也是个很好的老板。除了比较专横和挑剔之外,他也愿意向鹿露传授经验,愿意给新人成长机会与空间。

3个月后,达西到无锡出差。正常情况,鹿露需要陪同翻译。不过刚好项目组里英文最好的工程师海伦也去了。海伦毕业于浙江大学,英语水平超高。

鹿露打着为了给公司省差旅费的旗号,偷懒留在了公司,把翻译的任务托付给了海伦。达西和海伦出差回来后,海伦来找鹿露吐槽:"你知道吗?老板居然说如果你在的话会比我翻译得更好。"

这种"当面捅刀"的行为倒是很符合"扑克脸"的做派。鹿露和海伦嘻嘻哈哈地吐槽了一通"扑克脸",内心还是小得意的,业务能力总算得到了认可。

◆ **精华:面对新职位挑战的正确心理与有效方法**

鹿露在故事中所面临的情况,是很多职场人士都会遇到的典型场景。尤其在岗位发生变动时,升职加薪背后带来的正是职位变化的挑战。如何快速适应新岗位,全面胜任新职位是所有职场人都会面对的问题。

例如,当鹿露面临新的工作挑战时,她首先需要掌握与之相关的专业知识和技能。这不仅是一个知识层面的挑战,更是一个关于如何在新环境中找到自己角色、建立自信以及避免因不熟悉而感到不安的问题。在这样的转变中,她需要快速适应新的工作环境、了解并融入新团队,同时还要学会如何有效地与新同事和上司沟通。

在这个过程中,心理的适应和自我调节至关重要。很多时候,我们在职场上的成长并非仅仅是技能的提升，更多的是如何在心理上适应新的角色和环境，如何在压力和挑战中保持积极的态度，以及如何将自身的潜力转化为实际的工作成果。如何有效地管理自己的情绪和压力，如何在新环境中快速建立信任和影响力，都是我们必须面对的现实问题。

对此，我们可以借助一些心理学理论和方法来提升自己的适应能力。首先，我们一定要学会"厚脸皮"。所谓"厚脸皮"并非指我们对自己的不足、他人的指责表现出无所谓的态度，而是一种积极的求教心态。正如鹿露所说："脸这种东西丢着丢着就习惯了，反正我脸皮厚。"正是这种心态，让她放弃了逃避、退缩的想法，进而选择积极面对新职位带来的挑战。

的确，职场中出现无法胜任新工作的状况时，大多数人的第一反应是退缩、逃避。鹿露也是第一时间给王思思打去了电话，想逃避。当得知自己没有退路之后，鹿露进行了各种选择的利弊衡量，之后决定勇敢面对，这种"厚脸皮"恰恰是所有职场人需要具备的一种职场态度。我们需要学会管理自己的情绪，面对挫折与挑战时保持乐观心态，以及如何在挑战中看到成长的机会。这些心态上的调整有助于我们更快地适应新环境，提高工作效率和质量。

其次，可以为大家分享一种懒人学习策略。这也是鹿露解决问题的一种有效方法。

"在做中学"其实不只是鹿露结合自己懒人性格总结的一套职

场学习方法，它的确是职场中一种高效的个人提升方法。鹿露的这段经历充分证明了在做中学的有效性。这种方法强调通过实际操作和经验积累来获取知识和技能，而不仅仅依赖传统的理论学习。这种方法可以解决一系列职场中常见的问题，并助力个人职业发展。总体而言，它能够帮助我们应对以下几个方面的职位变动问题。

1.新环境适应问题

在新的工作角色或岗位中，理论学习可能会耗费大量时间，而"在做中学"可以帮助个人更快地适应新环境，很快投入实际工作中。

2.实践技能不足问题

对于那些需要特定技能或工具操作的职位，实践操作是最直接和有效的学习方式。它能帮助你快速理解复杂概念和工作流程，提高工作效率。

3.职场适应性问题

通过"在做中学"，我们还可以更好地理解组织文化、团队动态和工作要求，从而提升适应不断变化的职场环境的能力。

想要学习"在做中学"这种能力，希望大家在职场中养成以下四种习惯，相信养成这些职场习惯后，我们不仅能够学会"在做中学"，个人能力也会大幅提升。

1.主动承担新任务

不要害怕接受新的挑战或任务，即使它们看起来有些困难但这是一个助你学习和成长的好机会。

2.多进行理论实践

正如鹿露提高自己专业英语水平的方法，职场中的各种会议可以尽量多参加，同时主动使用自己的理论知识自主完成，或者协助他人完成一些任务，这些工作内容都是实践学习的好机会，也是"在做中学"的具体方法。

3.积极求助与反馈

在实践中遇到不懂的问题时，我们应该厚着脸皮主动向经验丰富的同事或上司寻求帮助，这不仅能够加深理解，还能建立良好的职场关系。

4.定期反思与调整

学习、实践之后，我们还需要定期反思自己的学习进程和效果，根据反思结果调整学习策略和方法，否则很容易进入盲目的学习状态，进而弱化学习增强效果。

职场中，第一次做某件事情做不好是正常的，不要纠结内耗自己。如何尽快把它做好才是最重要的。鹿露的经验是不懂就多问，不要怕丢脸。新人问蠢问题是可以被原谅的，此时不问更待何时？

方法远比努力重要，心灵鸡汤会告诉你，要努力，努力就可以得到全世界。醒醒吧，少年。盲目努力就是浪费精力。解决一个问题可以有很多方法，但总有一种方法是最轻松、最适合你的。多花点时间找到合适的方法，比盲目努力来得更有价值。

2.8 与老板的相处之道

◆ 成为老板的得力干将

随着鹿露业务能力越来越强,各种专业词汇已经能信手拈来,面对大会小会、谈判培训更是游刃有余,她在项目部的日子也好过了些。但是,也只是好过了一些。

她的老板达西可谓"臭名远扬",稳坐"SK最难搞老板排行榜"第一名。

达西对待工作极为严谨,追求高效率和精确性。他善于优化工作流程,注重工作效率,也注重细节,不容许任何错误或疏漏。在这样的老板手下工作,工程师们都叫苦不迭,工作压力倍增,原本60分就能过关,现在提到80分。达西本人还是医药工程专家,各种专业知识烂熟于心,根本就糊弄不过去。

达西的沟通方式简单而直接,从不会拐弯抹角。虽然他讲得都有道理,但是每次不留情面地指出下属的错误,也常让人下不来台。项目部的同事对他是又敬又怕。

可是鹿露躲不过,她就坐在老板对面,陪着他开会、培训、下工地、参加各种商务活动,每天足足8小时。刚开始,鹿露也是抱着敬而远之的态度，除了工作需要，尽量少接触，一下班溜得比兔子还快。可是，越怕事越来事，越躲着老板，越容易做错事挨批评。

鹿露经常和男友时岱吐槽自己的老板，抱怨老板的吹毛求疵。彼时，时岱已经是贵州办事处的小领导。他点拨道："达西可以做你的老板，肯定有比你强的地方。要得到老板的认可不难，首先要学会欣赏你的老板，并且按照他喜欢的方式做事。"

鹿露还是比较听劝的，她尝试着不受同事的影响，抱着欣赏的眼光来看待达西。之后，鹿露发现其实达西面冷心热，是个极好的老板。遭受批斗的同事每一次都"罪有应得"，而他在批评完同事之后，都会给出更好的建议帮助他们改进方案。

他乐于培训自己的下属，知无不言，言无不尽。他从不会因为鹿露不懂专业而看低她，反而不遗余力地教她各种专业知识，不管是工艺流程、设备设计，还是建筑工程，只要她感兴趣，他都倾囊相授，哪怕鹿露问了一些蠢问题他也会耐心解答。

达西做事也很务实，凡事亲力亲为。鹿露曾和他一起到供应商验收设备。他居然爬进巨大的压力容器里，检查每一条焊缝的质量……这是比较负责的工程师都从未做过的事。

当时，鹿露为了显示自己的好学，加上生性好奇，自告奋勇也要进去看看。达西很开心，但制止了她："这个对你来说太危险了。"不过因为这件事情，达西对鹿露的印象分又好了几分。

鹿露发现，真的只要按照老板喜欢的方式做事就能够与之轻松、融洽地相处。达西注重细节，我就做得更仔细些；达西为人挑剔，我就想得更全面点，不要让他挑到错处。

随着对老板的深入研究，鹿露又发现了老板都喜欢"马屁精"。时岱就是"马屁精"，他跟自己的老板处得如同好兄弟。不过时岱说，这不叫拍马屁，这叫为老板提供情绪价值。

的确，拍马屁和提供情绪价值之间是有本质差别的。如果你无中生有地夸赞自己的老板，这是拍马屁。但是如果我们能够发现老板的优点及过人之处，对老板真诚地欣赏，报以善意和感恩，这则是提供情绪价值。

相信很多人还会感到苦恼，因为太阿谀奉承的话的确难以直白地说出口。其实，老板的事你都放在心上，老板的话你都谨记，并且时不时让老板知道你有这份心，这同样会让老板感觉非常舒服。

比如，时岱的老板有一句经典语录，高调做事，低调做人。时岱将这句话作为各种社交软件的个性签名。新年的时候，部门举行交换礼物活动，他居然找到了一本叫作《高调做事　低调做人》的书交换给同事。老板看到时岱准备的这份礼物时，心里的确美滋滋。

在这方面，鹿露属于青出于蓝而胜于蓝。她本就是个古灵精怪善于交际的女子，自从不怕"扑克脸"之后，整个人都轻松自在了。时而尬夸他英明神武，神似汤姆克鲁斯，时而又说他是冷笑话之王（king of cold jokes）。

这是因为达西深知下属们对自己的惧怕，也尝试着讲讲笑话，拉近与大家的距离。然而，每次讲出来，同事们都一头雾水。老外的幽默的确让很多国人表示不敢苟同。但达西却一脸无辜："我的笑话明明很好笑呀。"

鹿露就很认真地给他科普了冷笑话（cold joke）和热笑话（hot joke）的区别。热笑话，笑点直截了当，让人发笑；冷笑话是更高级的幽默，需要高智商细品才能体会精妙之处。

她总是把歪理讲得头头是道，并且一脸仰慕地告诉他："你就是传说中的冷笑话之王（king of cold jokes）、高智商的代表。"达西也知道她是逗自己开心，却也十分受用。

达西是个不折不扣的"吃货"。他初到广州，家人不在身边，其他外籍同事又没那么爱吃，可把他闷坏了。

鹿露经常陪着他出差、参加各种应酬，从北京烤鸭，吃到无锡大闸蟹，从内蒙古烤全羊，再到广州点心。达西可谓吃嘛嘛香，大吃货属性一览无余。就这样，鹿露顺理成章地成了达西的御用饭搭子，一到周末就被达西约出来吃饭。

鹿露一方面不敢得罪自己老板，另一方面也确实嘴馋，当然是欣然前往。达西带着她四处寻找地道的西餐馆。他们漫步在广州的街道上，探索着隐藏在巷弄中的法国餐厅、意大利餐厅、西班牙餐厅、土耳其餐厅。

这些餐馆也大大拓宽了鹿露的美食视野，原来不是只有中国菜好吃，法国菜、意大利菜、西班牙菜、土耳其菜……统统都好吃。

这些地道的西餐让鹿露感受到了不同文化的交融,当然最重要的还是不同文化味道的交融。

达西很喜欢吃法国餐。他向鹿露解释了法餐的起源和文化背景,以及法国菜肴的独特之处。他告诉鹿露,法餐注重食材的新鲜和品质,强调烹饪的技巧和创意。他还分享了法餐的用餐礼仪,如品酒的技巧和正确的餐具使用方法。他强调了法餐的慢餐文化,鼓励品味每一道菜肴并享受用餐的过程。

鹿露则一边享用美食,一边给他讲一些乱七八糟的歪理,把达西惊得目瞪口呆,逗得哈哈大笑。她一本正经地告诉他:"像我这种就是extremely beautiful and clever(极端美丽和聪明)的中国女子。像汉克的秘书虽然个子比我高,但是颜值不行,总裁的助理就属于个高貌美,我是貌美如花,聪慧有加。"

达西总是很认真地说:"Beauty lies in beholders' eyes(情人眼里出西施)。"鹿露又认真地给洗脑:"There are absolute beauty and relative beauty. Beauty that lies in beholders' eyes is relative beauty and I belong to absolute beauty."(美丽有绝对美丽和相对美丽之分,情人眼里出西施的那种叫相对美丽,像我这种就属于绝对美丽)。他经常被她说得目瞪口呆,哑口无言。

融洽地与达西相处了一年后,达西在年终考评时给了鹿露一个"Supperb"(优异),并且很认真地说:"I never think you are beautiful, but I like your personality(我从未觉得你美丽,我欣赏的是你的个性）。"鹿露听后差点吐血，但她也总算成为老板心尖儿上的好员工。

这一年，股市大牛，鹿露趁着楼市低迷完成了人生中更重要的成就，就是在居住的小区，贷款买了一套价值140万元，面积80平方米的小单元，从此结束了租房的生活。同时，她也过上了精打细算的生活，每年拿出80%的收入，用于偿还30年期的房贷。

◆精华：得到上司赏识的正确思维

如何与上司相处是每个职场人士绕不开的话题，因为与上司的相处方式，以及有效互动往往决定了个人职业发展的路径。很多职场新人在刚步入工作岗位时，可能会对如何与上司相处感到困惑。一方面他们希望通过自己的努力获得上司的认可，另一方面又担心过度迎合会失去自我。这种矛盾的心理状态不仅影响了他们的工作表现，也影响了与上司的关系建立。

从鹿露的故事中我们不难发现，上司赏识的背后，不仅是工作能力的展示，更涉及深层次的人际互动和情感交流。鹿露的职场经历，无论是在面对上司的喜好调整自己的工作方式，还是在为上司提供情绪价值时，都展现了职场人应有的智慧与策略。

首先，我们要理解"按老板喜欢的方式做人做事"的重要性。这不是一种盲目的迎合，而是一种对工作环境敏锐的感知能力，一种能够在不同领导风格下灵活调整自己行为的能力。正如鹿露观察自己的上司是如何对待他的上司，并据此调整自己的行为方式，这种对上司期望的敏感和适应，是职场进步的重要一步。

"按老板喜欢的方式做人做事"不仅是奉承的态度，还是领导力风格适应理论和情境领导理论的结合。领导力风格适应理论强调个人应该根据领导的风格和偏好来调整自己的工作方式。优秀的员工能够识别和适应他们领导的特定领导风格，这样做不仅能提高工作效率，也能增强领导对员工的信任和支持。

其次，"为老板提供情绪价值"同样关键。这里的情绪价值，指的是通过有效的沟通和行为，给予上司正面的情感体验，如认同、赞赏或支持。这不仅能增进与上司的关系，也能为个人的职场发展铺平道路。就如鹿露为上司营造愉快的工作氛围，不仅获得了上司的认可，更为自己创造了轻松的工作氛围。

"为老板提供情绪价值"同样包含情绪智力理论和亲社会行为理论。前面我们提到过，情绪智力涉及识别、理解和管理自己和他人的情绪。在职场中，提供情绪价值意味着能够理解并满足上司的情感需求，如通过赞美、支持或其他方式来提升上司的心情和满足感。而亲社会行为理论又称为利社会行为理论，这一理论研究个人如何通过帮助行为来促进组织内部的和谐。在职场中，为上司提供情绪价值可以被看作一种亲社会行为，它有助于建立积极的工作关系，创造轻松的工作环境。

"按老板喜欢的方式做人做事"和"为老板提供情绪价值"。其实是对一系列经济学、心理学、管理学理论的应用其中还包括领导力理论、人际交往心理学等。具备这两种意识之后，我们能够在各种职场环境下迅速找到与老板和谐相处之道。下面，再与大家分享几点学会"按老板喜欢的方式做人做事"和"为老板提供情绪价值"的关键点。

1. 观察上司的风格和喜好

在职场中，我们要学会仔细观察上司的行为模式、决策风格、沟通方式。了解他们喜欢的工作节奏、决策过程，以及偏好的工作方式。

鹿露通过观察达西的工作方式和交流习惯，逐渐理解了他的喜好和期望。例如，如果你的老板像达西那样喜欢精确和及时的工作报告，那么你应该努力在这些方面表现出色。注意细节，如达西偏好的会议风格、沟通方式等，这些都是提高与老板合作效率的关键。

还有些小伙伴没办法及时从日常工作中准确定位上司的风格与喜好，对此还有一个简单有效的方法。观察你的上司是如何对待他的上司。按照这种方式来对待你的上司，多半是不会错的。

2. 调整自己的工作方式

与上司相处时尽量根据上司的风格和喜好，适当调整自己的工作方法和沟通方式，以更好地与他们协作。正如鹿露不仅适应了达西的工作风格，还学会了在工作中如何以达西喜欢的方式去表达和执行任务。

3. 主动沟通和反馈

我们还需要学会与上司保持开放的沟通渠道，及时反馈工作进展，以及在遇到困难时主动寻求指导。鹿露经常与达西交流工作进展和遇到的问题。这种主动的态度不仅帮助了她及时获得反馈，还展示了她对工作的认真态度。

通过这些方法，鹿露成功地适应了新的工作角色，并获得了老板的认可和支持。同样地，在职场中，我们可以通过这些策略更好地与上司建立合作关系，从而有助于自己的职业发展。

4.发现并肯定领导的优点

正如时岱所说，领导之所以位居高位，一定有其过人之处，所以我们需要发现并肯定领导的优点。抱着这种心态我们能够更加真诚地赞美上司的工作，同时增强他们的正面情绪体验，从而建立良好的工作关系。

大家千万不要小看这些方法，这是我们在职场中改善与领导关系的关键。相信很多朋友产生过这样的感触，某个同事明明能力不如自己，但特别讨上司喜欢，而且在公司混得风生水起。对比以上四点，我们是否能够从中找到答案。

大部分打工人都属于性格老实忠厚，关注的重点大多是自身硬实力以及为公司创造的经济价值。如果我们能在为公司创造实际价值的同时，让上司感到舒适，收获情绪价值，那么上司就会对我们青睐有加。

每个人都需要情绪价值，都渴望得到别人的认可、欣赏和接纳。真实、真诚地赞美，可以让上司情绪舒畅，他们就更愿意跟我们产生互动，更支持我们的工作，甚至在力所能及的范围内施以援手。这就是与上司相处之道的核心，也是我们职场晋升的关键。

第三章

每个转折点都蕴含着机遇

3.1 高管波动，殃及池鱼

◆ "吃瓜"并不安全

鹿露正沉浸在买房的甜蜜之中，却没有意识到公司即将经历一场从上到下的大人事变动，而引发这场大变动的是因为一位销售经理。

托尼林，年近50岁，其貌不扬，带点中年油腻感。托尼林是公司最资深的销售经理，负责大客户业务，更准确地说，是年纪最大的老油条。他能力并不出众，业绩长期垫底，历任老板一直留着他靠的是一句"没有功劳也有苦劳"。从SK建厂之初托尼林就在公司了，至今20年，大家都知道他是要在这里混退休的。

这一年，SK公司的业绩特别差，创下了SK在中国市场的最差纪录，亏损额高达8000万元。这是SK进入中国以来唯一一次亏损。对此SK中国总部进行整顿，中国区从上到下万分紧张，大家都知道这种情况下稍有差池就要卷铺盖走人。中国区总裁陈彼得的述职报告就做了三四次，可见事态的严重性。

公司业绩不好，自然要进行一系列的战略调整。首先，绩效评估调整。即对公司内部的各个部门和员工进行360度绩效评估，找出存在的问题和低效率的环节。根据评估结果，采取相应的调整措施。比如，提供培训和发展机会，激励高绩效员工，或进行组织结构优化（裁员）等。

其次，成本控制和效率提高。即审查公司的运营成本，找出可以削减的开支，如减少非必要的费用。优化供应链和采购流程，提高生产效率等，确保资源的合理利用，提高整体运营效率。

再次，业务重组和优化。即公司会评估各个业务部门的表现，撤销或削减亏损严重的部门或项目。同时，优化公司的组织结构和流程，减少冗余和重复的工作，提高工作效率和生产力。

最后，销售和市场营销策略调整。即公司可能会重新评估产品定价、销售策略和市场定位，以提高销售额和市场份额。优化营销活动，加强品牌推广和市场渗透，寻找新的销售渠道和机会。

这些策略看起来有理有据，其实总结出来就三个词"裁员""换血""加KPI"。销售部自然是这次内部整改的"重灾区"。业绩长期垫底的托尼林瞬间岌岌可危。但是，直接裁掉这种老员工非常不容易。

根据劳动法以及SK的惯例，员工无重大过错，公司有合法理由辞退员工是需要支付经济补偿的。在公司内的工作年限不超过10年，补偿金是N+1；超过10年，则是2N+1，最高不超过2年工资。那么托尼林至少可以拿到24个月的工资，也就是100多万元。此外开除这种老员工还容易落下个无情无义的骂名。所以，很多公司的做法是暗地里施压，让员工自己辞职，既节省了一大笔经济补偿还不会落下刻薄的名声。

于是，销售总监王安迪空降了一个年轻女下属李娜担任资深大客户经理，她直接成为托尼林的顶头上司，并接管了托尼林几个重要客户。李娜上任后，立即给托尼林设定了极不合理的KPI，这是他无论如何都完成不了的数字。同时，李娜为人嚣张跋扈，在工作中也没给过托尼林什么好脸色。

托尼林平时最喜欢倚老卖老，这一职位调动就让他被这位新领导整得焦头烂额。可是想以此让托尼林主动离职还不够火候，毕竟谁也不会轻易放弃100多万元的经济补偿。

拥有20多年工作经验的托尼林自然也不是个任人拿捏的软柿子。公司很快出现了一些关于李娜火箭式升迁的流言蜚语。一会是李娜是王安迪的红颜知己，一会是有人周末在李娜小区碰到王安迪……

李娜用脚指头想都知道这些流言蜚语的源头。为此王安迪冲她一通发火，让她尽快把托尼林的事情解决掉，李娜也只好变着法儿继续折腾托尼林。此后，李娜揪着助理加班加点地翻托尼林的旧账，希望从中找到托尼林的把柄，这样公司就有正当理由直接开除托尼林。

李娜的这一策略可谓直击要害。托尼林干了这么多年的销售了，大问题没有，小问题一堆，只要深究，肯定能查出问题。得知李娜下定决心要把自己往死里整之后，托尼林决定破釜沉舟，并且扬言："你们不让我好过，那谁也别想好过，大不了鱼死网破！"

3周后，德国总部调查组浩浩荡荡地入驻SK中国总部。托尼林实名举报王安迪和李娜私下开了A公司，通过A公司对外销售SK的产品，并且客户通过A公司订货的价格比直接通过SK公司还要便宜，这才是造成SK中国亏损的主要原因。

一时间，集团震动，整个中国区从上到下人人自危。鹿露不知道调查组具体怎么调查，不过那段时间仅仅企业诚信的相关培训就参加了10场，《员工诚信承诺书》等文件就签了N份。

3个月后，调查总算落下了帷幕。调查结果如下，李娜私下开设了A公司销售SK产品，涉嫌渎职，公司保留追究法律责任的权力。李娜离职那天，由公司和法务盯着她收拾东西。上司王安迪监管不力，引咎辞职。更让鹿露意外的是，2个月后，总裁陈彼得也宣布"为寻求个人的发展离开公司"。公司已经安排好了接替陈彼得的人选，从SK东南亚调来的徐约翰。

鹿露和王思思津津有味地"吃着瓜"，"这关陈彼得什么事情？"王思思被她逗乐了："我的傻狍子，这一招叫弃车保帅。"鹿露瞳孔一震："他们是一伙的？"王思思压低声音："我可没这么说，不过听说李娜是陈博士旧相识。你自己品一品。"王思思又继续说道："新总裁是个严厉的人，估计我们要吃苦头了。"

总之，托尼林就像南美洲那只扑扇了一下翅膀的蝴蝶，一下子引起了北美洲的一场大海啸。不过他自己也得到了惩罚。托尼林同样被调查出了不少问题，最后和公司"友好协商"，获得了"N+1"的经济补偿。不过，他在行业的口碑彻底烂掉了。

反倒是陈彼得、王安迪在后期还得到了更好的发展机会。大半年后,鹿露得知陈彼得入职了另一家跨国集团担任亚太区总裁,比SK更大,更有排面。陈彼得还笑称:"以前出差只能坐商务舱,现在只坐头等舱。"而王安迪不久后也纳入他的麾下。

公司高层调整对大多数 线员工而言,是几乎没有影响的,该做什么事还做什么事。螺丝钉最大的好处就是稳定,只要整块板不掉,那你就会一直钉在那里。该努力的还是会努力,喜欢"摸鱼"的自然还是在想尽各种办法"摸鱼"。

正当鹿露天真地认为自己只是一个吃瓜群众时,却没有意识到原来自己也在波及范围之内。整件事情并没有随着陈彼得的离开而画上休止符,而因新总裁的加入带来了更多变动。

徐约翰的风格和陈彼得完全不同。陈彼得走到哪里都喜欢和各层级的员工打成一片,一直致力于打造自己的亲民人设,他擅长演讲,富有感染力。鹿露觉得,这就是所谓的"charisma"(领袖魅力)。徐约翰则属于高冷人设,他身材清瘦、举止优雅而拘谨,言谈中透着拒人于千里的冷漠。

王思思吐槽道:"看着吧,公司的司机、保洁、助理、销售总监……估计都要大换血。我又有事干了。"新官上任必然是要培养自己的心腹的。鹿露也不免担心她的闺蜜袁圆。

前总裁助理怎么办?HR总监不由挠头。人家工作表现尚佳,总不能因为总裁换人就直接开除吧?可是不换人怎么办,总裁助理这个岗位本就特殊，新领导很少愿意接纳上任领导的心腹，而且要整天围绕在自己身边。袁圆和前总裁处得好全公司尽人皆知。想办法把人逼走，托尼林的前车之鉴就摆在眼前。想来想去，HR总监还是决定按兵不动、装傻充愣。只要新总裁不明示，他也没有任何动作。

好在徐约翰也没说什么，他对袁圆的态度一直不冷不热。只让她做些打杂跑腿的活儿，稍微重要点的事情都不让她接手。比如，连会议记录都不要她做，仿佛担心她会偷听公司机密似的。

袁圆不时和鹿露吐槽："他这就是冷暴力，就是想把我逼走。"鹿露安慰道："反正事情少了，工资照发，乐得清闲。你可千万要稳住，不要得罪他。起码等到你找到下家或者公司和你谈经济补偿再说。"袁圆点头称是。

◆ 精华：职场动荡时，我们应该具备的"慧眼"

职场动荡再寻常不过，因为伴随公司发展内部必然出现诸多变革。作为一名合格的打工人，千万不要把自己定位成"吃瓜群众"，因为职场变动往往会引发一系列连锁反应，即便新员工、基层员工也会感受到职场变动带来的压力。尤其是在公司出现组织重组和领导变更时，这类变动很容易影响个人的职业稳定性及职业发展方向。

首先是公司组织重组。这通常伴随着职位的调整、部门的重组，甚至涉及裁员。这样的变动对员工而言，意味着必须适应新的工作环境、新的团队成员，新的工作角色，这对个人的职业稳定性与职业规划都会产生较大影响。

其次是领导层变更。新领导大多会带来新的工作文化和管理风格。对于员工来说，这意味着我们需要快速适应新的领导方式，并重新建立工作关系，如果我们被动地保持现状，很容易与新领导的工作方式出现冲突。

所以，既然职场中的变动是无法避免的，我们就要具备一双看透各种职场动荡的慧眼，在各种变动中及时、主动进行自我调整，而不是被动地接受变革。希望大家了解三个相关理论，这三个理论是在职场动荡时保持清醒和主动的关键。

1.组织行为理论[1]

组织行为理论能够为我们提供理解和应对组织变革的框架。这一理论强调，组织变化对员工的行为和态度有着深刻影响。当面临组织重组或领导层变更时，员工可能会经历不确定性和有焦虑增加的状况。理解这一过程中的人性反应，如恐惧和抵抗，有助于我们更好地适应新环境。组织行为理论鼓励我们主动与变化同步，通过积极的沟通和参与，加深对新环境的理解，从而更快地适应新的工作状态。

---

[1]组织是一种自然系统。任何一个组织，其成员的行为都会影响该组织的结构和功能，并影响该组织所适用的管理原则，组织成员不仅为组织工作，而且他们本身就是组织。行为组织理论认为，人是组织中的灵魂，组织结构的建立只是为了创造一个良好的环境，使这个组织中的人比较顺利地实现他们的共同目标。

2.心理弹性理论[①]

心理弹性理论可以教会我们如何在面对职场压力时保持积极的态度和强大的适应能力。这一理论强调,心理弹性不仅是应对困难和挑战的能力,也是一种积极面对变化和逆境的心态。通过发展心理弹性,我们可以更好地面对工作中的不确定性和压力,保持积极乐观的心态,即使在最困难的时刻也能找到前进的动力。

3.管理变革理论

无论我们是基层员工,还是职场管理者,都需要及时了解管理变革理论。这一理论是基于管理学和心理学之上的一种职场策略。因为在职场当中,有效的变革管理不仅需要组织层面的策略,也需要员工个人层面的参与和适应。通过了解变革的过程、阶段和影响,我们可以更有策略地参与其中,积极影响变革的结果,甚至在变革中发现新的机会。

了解了这三种理论之后,我们便可以更加透彻、清晰、主动地看待职场变革,而不是被动地旁观,等待变革。在鹿露的这段经历中,王思思就十分清楚这些理论,并提前感知了职场变动对自己带来的影响,而鹿露却后知后觉地原地吃瓜,直到变革波及自己,才明白原来自己也身处变革的旋涡。所以,面对职场变革时,我们不仅要保持清醒,还要保持积极主动,通过不断学习和适应,发现新的机会和潜能。建议有3个。

[①] 心理弹性(Resilience)是指主体对外界变化了的环境的心理及行为上的反应状态。该状态是一种动态形式,有其伸缩空间,它随着环境变化而变化,并在变化中达到对环境的动态调控和适应。

1.及时展现自身价值

当遇到职场变革时,首先需要做到的是及时展现自身价值。这包括工作成果及个人在集体中的作用。及时展现自身价值在职场动荡时是提升自身稳定性的关键,哪怕我们只比其他人多展现一丝价值也会比其他人稳定一分。

另外,及时展现自身价值也能够便于我们在职场动荡、组织变革时更快地进行新的定位,即公司也会根据我们的价值特点更准确地进行调整。在这种情况下,我们对职场动荡时产生的影响或变动可以进行更准确的预估,进而获得更多主动权。

2.及时适应组织变化

在组织重组或政策变动中,保持灵活性和开放性是关键。尤其在变动过程中,积极参与变革(如主动参加相关会议或培训),及时了解最新的组织动态,也能够帮助我们提前做好应对变革的准备。同时,我们还要与同事和团队保持良好的沟通,分享信息和感受,共同寻找适应变化的方法。

3.培养心理弹性

职场拼搏无法保持长久的一帆风顺,在压力和不确定性中保持积极和健康的心态同样重要。我们可以通过培养心理弹性来实现,这包括适当的自我心理疏导,告诫自己保持冷静,减少过度担忧等,这样我们才能够更顺利地应对职场动荡。

我们可以看到在鹿露的这段经历中,托尼林就缺乏心理弹性,面对职场危机时采用正面对抗的方式,甚至采用极端的方法,最终导致自己与领导两败俱伤,而自己受伤更加严重。所以,建议大家在工作和生活中多培养心理弹性,提高心理抗压素质,以更加巧妙的方式对待各种职场变革。

总之,了解和运用组织行为、心理弹性和管理变革理论,可以帮助我们更好地适应职场动荡和高层变动。通过上述策略和工具,我们可以在变化中找到自己的位置,维持职业稳定性,同时保持积极健康的心态。

再与大家分析两个工具,"职场自我评估"(见表3-1)以及"行动计划模板"(见表3-2),这两项工具可以帮助我们在职场中更加清晰地进行自我定位以及应对各种变化及挑战。

表3-1 职场自我评估

目的：帮助自己在组织变动中制定具体的应对策略和行动步骤					
序号	应对变革关键点	问题	答案	备注	
1	对组织变革的了解	对当前正在发生的组织变革的了解程度是多少		
		这些变革会影响我的职位和工作职责吗		
2	对新领导或管理层的了解	对新领导的工作风格和期望了解多少		
		如何看待与新领导的合作		
3	适应能力和准备情况	自己准备好适应这些变化了吗		
		有哪些担忧和不确定性		
4	个人优势和机会	自己在变革中的优势是什么		
		能看到哪些可能的职业发展机会		
5	需要的支持和资源	为了更好地适应变革，需要哪些支持或资源？		
		打算如何获取这些支持或资源？		
总结				

表3-2 行动计划模板

目的：在组织变动中制定具体的应对策略和行动步骤					
序号	行动关键	内容		答案	备注
1	短期目标（接下来3~6个月）	我的主要目标是什么			
		为实现这些目标，我需要采取哪些具体行动			
2	长期目标（6个月至1年）	我的长期职业目标是什么			
		实现这些长期目标需要哪些关键步骤			
3	关键行动步骤	针对每个目标，我将采取哪些具体行动			
		这些行动的时间线是怎样的			
4	资源和支持	实现这些目标需要哪些资源或支持			
		我将如何获取这些资源或支持			
5	进度跟踪和评估	我将如何跟踪我的进展			
		我将如何评估行动计划的有效性			
总结					

3.2 老板走了，我该何去何从？

◆ 把前老板变成人脉

想象总是美好的，但现实总是残酷的。袁圆当初深受前任老板信任，现在每天被徐约翰像防贼一样防着，两人之间的正面冲突也相继出现。

有一次，徐约翰太太给袁圆安排了一个接机任务，袁圆按照她的要求订了车，徐太太回来后却对着徐约翰一顿抱怨。抱怨司机让她多等了半个小时，自己带着孩子在机场东奔西走，颇为疲惫。

徐约翰向袁圆要解释，袁圆内心极不耐烦，直接找公司车辆服务商要解释。供应商回复邮件，说一切都是按照袁圆的指示安排的接机时间。袁圆又在供应商的邮件上进一步解释：一切都是按照徐太太的指示安排的接机时间。

徐太太看了邮件大为恼怒：你一个小助理还敢向老总太太甩锅？气急败坏的徐太太直接打电话对着袁圆责骂。袁圆的反应堪称一绝，直接挂了徐太太的电话，然后跑到徐约翰的办公室门口，甜甜地说："徐总，可不可以回家和您太太说一下，以后请她不要安排我做事，SK是请我来给总裁当助理的，不是给你太太当助理的。"

说话时袁圆就站在徐约翰门口的过道上，当时又是办公时间，周围环境十分安静，一时间附近所有员工都听得一清二楚。说完，袁圆毫不在乎地回到座位"摸鱼"去了。

很快有人把事情告诉了汉克，汉克说："这下好了，这下我真的要给他换助理了。"

袁圆约鹿露喝咖啡，鹿露说："我看你真不想干了。何苦这样。"袁圆手里捧着精致的茶杯，微笑着说："我又没发邮件给全体员工，我是和自己的老板直接沟通嘛，这样做很专业。"

事情的发展出乎汉克的意料。徐约翰根本没有找他说换助理的事情。但是一个月后，袁圆主动递了辞职信。徐约翰礼貌地挽留了几句，并且按照SK的惯例，专程请了她吃了一顿告别午饭。

鹿露情感上佩服袁圆的潇洒，理智上她接受不了。自从买了房之后，每个月几千元的房贷已经让她不敢随便使小性子，早就没有当年和主管硬杠的勇气了。何况，就算要走，也要等徐约翰先开口，起码还能领个"N+1"的经济补偿。

时岱知道后开解鹿露道："你真是越来越财迷了。此处不留爷，自有留爷处。你怎么知道她不能找到更好的呢？工作就像谈恋爱，告别错的才能和对的相逢。"

很快，鹿露也发现自己是白担心了。袁圆游山玩水了半年后，入职了一家大型企业的采购部。袁圆告诉鹿露时，鹿露深感意外："大型企业的采购部那可不容易进呀，你怎么应聘进去的？"

袁圆神秘一笑："那肯定是凭实力呀。"鹿露吐槽道："得了，你又没有相关经验，哪来的实力就面试上了？"袁圆笑得贼兮兮："陈彼得推荐我去的。公司的老总是陈彼得的好友，彼得打了个招呼推荐我去面试了，老总看我也机灵的，就留下了呗。"

鹿露深感意外："你们还有联系？你都不帮他做事那么久了，他还能继续帮你？"袁圆道："你傻呀？你认识多少个跨国集团CEO？这种高端人脉怎么能说断就断。就算他走了，我也必须跟他保持联系呀。"她继续说道，"邮件往来、节日问候、生日礼物、关心人家的近况、帮点小忙等，这些事情我可是一直都没断过。"

"当然，我也耍了点心眼。"她狡黠地眨眨眼，"我让他以为我是因为忠于他而选择跟他一起走的。实际上我是真的跟徐约翰合不来。"鹿露忍不住竖起大拇指："你是真的牛。前老板都能变成人脉。"鹿露暗暗把这个人脉小技巧记下来，以后如果自己老板走了，也必须把他变成人脉。

◆精华：把老板变成人脉

想来很多打工者都会对上司或老板保持敬而远之的态度，一旦自己离职或领导调整，大概会老死不相往来。其实，虽然上司和老板是我们的管理者，但我们完全没有必要将其视为对立者，他们作为职场中拥有丰富经验及丰厚资源的过来人，能够为我们的职场生涯带来诸多帮助，所以像袁圆一样把老板或上司培养成自己的人脉不失为一种绝佳选择。

在鹿露的故事中，袁圆展示了将前老板转化为人脉的重要性。这一过程中不仅展示了职场人际关系[1]的作用，还体现了如何通过社会交换理论[2]在职场中建立互惠互利的关系。

职场成功不仅取决于我们的工作能力和业绩，也取决于我们如何与他人建立和维护关系。在复杂多变的职场环境中，这些关系可能是我们最宝贵的资源之一。通过有效地运用职场人际关系理论和社会交换理论，我们不仅能在当前职位上更加稳固，还能为未来的职业生涯开拓更多可能性。

为此，我们先来详细了解下这两种理论以及它们能够为我们带来的职场帮助。首先，职场人际关系理论强调了建立广泛的职业网络对于个人职业发展的重要性。一个强大的职业网络可以为我们提供必要的资源支持，甚至是职业上的重要机会。例如，在求职或寻找新机会时，一个良好的职业关系网能带来重要的推荐和信息，这在现代职场竞争中尤其重要。

其次，社会交换理论帮助我们理解职场中人际互动的本质。在这种互动中，我们通过给予和接受来建立互利的关系。例如，通过提供我们的专业技能、时间甚至是情感支持，我们可以建立起强大

---

[1]职场人际关系，是指在职工作人员之间各类关系的总汇。现代人都很重视人际关系，人际关系取决于个人的处世态度和行为准则。人际关系处理得好不好，在很大程度上决定着一个人的生活质量。
[2]社会交换理论是一种对社会交往中的报酬和代价进行分析的理论，这一理论提出那些能够给我们提供最多报酬的人是对我们吸引力最大的人。且报酬可以分为6类：爱、钱、地位、信息、物、服务，这6类报酬又可以分为两个方面——特别性和具体性。

的职场联系。这些联系不仅能帮助我们在当前的工作中取得成功，也为我们的长期职业发展提供支撑。

所以，这两种理论不仅是职场生存发展的必备知识，更是非常实用的工具。巧妙地运用它们能够显著提升我们的职场效能和职业发展潜力。

1.积极建立职场人际关系

我们要明白建立职场人际关系不仅仅是收集名片或者在社交媒体上添加好友那么简单。它更多的是关于建立真正的、有意义的职业关系。这意味着我们需要积极参与行业活动、会议、研讨会等，寻找并把握与行业同行交流的机会。同时，我们也应该在工作中展现出自己的专业能力和良好的工作态度，以赢得同事和上司的信任和尊重。

2.掌握有效的沟通技巧

有效的沟通是建立和维护职业人际关系的关键。这不仅包括我们如何表达自己的想法和需求，还包括如何倾听他人的观点和需求。我们应该努力成为一个好的倾听者，理解他人的立场和需求，这样可以更好地构建互利的职业人际关系。

3.提供个人价值

根据社会交换理论，成功的职业人际关系建立在互惠的基础上。这意味着我们不仅要寻求从他人那里获得帮助，也要愿意给别人提供帮助。例如，如果同事需要专业知识或技能上的支持，我们应当乐于提供帮助。这样的互助行为不仅能加深双方的关系,也能增强我们在职场中的影响力和声誉。

4.保持积极的工作态度

在职场中,要保持积极的工作态度,即我们是一个为公司、为团队着想的员工。这对于建立良好的人际关系至关重要。当我们在职场中展现出积极和专业的态度时,更容易获得同事和上司的信任和尊重。

5.具备长期视角

维护职业人际关系是一个长期的过程,我们需要持续地投入时间和精力来培养和维护这些关系。这意味着即使在工作中遇到挫折或挑战,我们也应保持耐心,继续培养和强化这些关系。

总而言之,通过掌握这些技能,我们可以更好地利用职场人际关系理论和社会交换理论,在职场中建立有价值的人际联系,同时也能提升自己在职场中的价值和影响力。这不仅有助于我们的职业发展,也有助于我们在工作中取得更好的成绩。

3.3 又升职加薪了

◆ 去总裁办报到

袁圆走了之后，汉克忙着给徐约翰找新的助理。不过徐约翰是个挑剔的主儿，估计是要费一番工夫。总裁助理的一部分行政职责，如差旅安排、会议安排等暂时由行政部的马玉负责。

马玉得了这么个"美差"乐开了花，她早就听说了鹿露升职加薪的经历。因为只是暂代，她也不敢跟汉克谈条件。汉克是个人精，马上给她画大饼：总裁要求高，能够看上你是你的福气；先历练一段时间，好好表现，过段时间总裁同意转正、升职加薪都是顺理成章的事情。

鹿露给她浇了一瓢冷水："你也是太老实了，这不就是一张空头支票吗？哪怕每个月给你申请点补贴也好……"后半句话她不忍说出口"万一徐约翰没看上你，你不就白费劲了吗？"马玉自信满满，她觉得鹿露格局小了，几百元的补贴算什么？自己如此优秀，总裁怎么会不要她？

不过她还是热情地挽着鹿露道："我刚接手这个工作，你可要多帮帮我呀！"鹿露一口答应下来。马玉暗想，公司内部流传着一个"最难搞老板排行榜",达西长期雄踞榜首,鹿露能跟他搞好关系,也是有两把刷子的。

鹿露直觉徐约翰可是比达西难搞的主,达西再难搞也只是对工作要求高,但他对人是极为真诚,给予下属足够的支持、鼓励、培养。徐约翰可就未必了,待人接物无时无刻不带着一种冷漠、礼貌的疏离以及自上而下的审视。

不出所料,马玉干了没几天就叫苦不迭。徐约翰也是个细节控,先是嫌弃她英语不好,直接指出了她的语法错误,表面上鼓励她继续进修,实则是在埋汰人。自此之后,马玉发给总裁的每一封邮件都会先给鹿露修改一下语法、措辞。不久后,徐约翰又嫌弃马玉做的表格、PPT不够美观,马玉又从鹿露这顺走了一套PPT模板,勉勉强强才站稳脚跟。鹿露也没想那么多,反正也是举手之劳,倒是马玉待她越来越亲热。

项目部其实是个独立的小王国,达西向总部汇报,预算是总部拨款独立核算,本地人事任免由达西说了算。理论上来说,中国区的大调整影响不到项目部。

再者,达西跟徐约翰好像处得也不错,除了官方的开会、面谈,时不时也能一起吃午餐、喝咖啡。徐约翰初来乍到根基不稳,下面那批老资历的总监都不是好惹的,估计他也吃了不少苦头。比如,某总监公开吐槽,徐约翰来SK公司前虽然在ZM做过亚太地区的销售负责人,但ZM的级别可是大大不如SK,言外之意则是质疑徐约翰的领导力。

徐约翰本身也是警惕性极高的人，跟这帮本土总监也混不到一块去。思来想去，还是达西与他没有利益冲突，再者二人傲娇的个性应该也算趣味相投吧。

鹿露对这些宫斗戏码不感兴趣，管他高层怎么内斗，反正我抱紧达西的大腿，稳稳地混到项目交付，再让他给我安排个什么主管的职位，就算功德圆满了。

"鹿露，下周五工程公司的开业酒会你陪我去。"达西打断了鹿露的胡思乱想，"给我当翻译，到时候应该有一些政府领导也会出席，我要应酬一下。"

鹿露麻利地答道："好的，老板。我会提前记熟参加酒会的客人，到时候会提醒您的。"

SK中国的工程部独立出来成立了一家工程公司，除了负责公司的自有工程，也接一些外部工程，主打肥水不流外人田。目前，最大的项目自然是达西的阿尔法项目，达西也算半个老板，培训这批工程师也是为了日后做准备。鹿露自然也要参与酒会的策划和执行。

达西又补了一句："By the way（顺便问一句），你会跳舞吗？"鹿露老实道："会跳一点华尔兹，但不是很精通。"大学体育选修课，鹿露选的交际舞，华尔兹、拉丁、探戈都学过，不过她肢体不协调又不分左右，当年学舞的时候，把舞伴折腾得够呛。神奇的是，最后她华尔兹倒是练得不错，期末考试还拿了个高分。

前室友美美得知鹿露公司酒会的事儿，自告奋勇地陪她挑选礼服。两人跑了好几家租礼服的店，最后租了一件黑色的短款小礼服裙。设计比较别致，胸口交叉带绑成蝴蝶结的形状，露出白皙的肩颈又不会过于性感，她个子不高，短款礼服不会拖沓，没那么隆重，也方便走动。临时抱佛脚，她又在家练习了华尔兹，希望到时候一切顺利。

SK工程公司的开业酒会可谓别出心裁，不在五星级酒店，而在游艇上。周五晚上，珠江两岸华灯初上，在宽阔江面上，一艘气派非凡的游艇缓缓驶来。

游艇的甲板精心布置过，庄重而典雅，公司的标志巨大而醒目，无不展现着外企的财大气粗。高级管理人员、商务伙伴以及政府官员们在工作人员的指引下一一登上游艇，女士们穿着优雅的晚礼服，男性则穿着礼服或西装，散发着自信和成功的气息。

达西穿着一身黑色的燕尾服，个高腿长，气质凸显。他破天荒地夸了鹿露一句："你看起来很美。"马玉凑过来聊了几句："你老板今天帅呆了。"鹿露笑了回："你老板也不错嘛。"徐约翰也是一身礼服打扮，显得神采奕奕，脸上的笑容也多了。马玉也是盛装打扮过的，她穿着一袭红色长裙，配着精致的高跟鞋，也很优美华丽。

船上的宴会厅宽敞奢华，熠熠生辉的吊灯和精致的装饰品更增添了奢华的气息。美食区摆放着各种美食、美酒、非酒精饮品等。

其间，服务员会不断巡回提供各种精美的小食，如点心、开胃菜等。现场还有乐队演奏，为宾客们营造出轻松、愉快的氛围。

宾客们在这个氛围中落座，开始庆祝公司的新篇章。庆典开始，徐约翰作为公司总裁致辞。SK是跨国企业，工作语言是英语，现场也有中外来宾，自然是要用英语致辞。马玉自然是作为他的翻译。

这种翻译不是同声传译，属于交替传译，演讲者讲一段停下来等候传译，口译员清楚自然地翻译出全部信息，就像自己在演讲一样。交替传译的难点在于口译员记性要好，有的演讲嘉宾连续讲几分钟，还要即兴发挥，你要全部记住重要信息，另外还要有演讲技巧，特别是这种场合，台风更要好。

马玉英文水平本就一般，站在舞台上面对着来宾，还容易怯场。估计徐约翰也没有提前把词给她准备，毕竟这种场合，哪个老板都能随口讲几分钟。马玉磕磕巴巴地给徐约翰做着翻译，徐约翰时不时还给漏掉的点作补充。台下的同事尴尬得都能用脚趾抠出三室一厅了，宾客也窃窃私语："这翻译谁呀，水平不行。"致辞完毕，徐约翰的脸黑得像锅底。

之后是达西致辞，鹿露自然是翻译。鹿露是英语专业的，在学校受过专业训练，另外跟着达西走南闯北见过大风大浪，这点工作信手拈来。她虽对马玉深表同情，但也不能为了让马玉显得不那么难堪而故意砸自己招牌，所以在整个翻译过程中她表现非常优异。鹿露默念："马玉，别怪我，我也只是个打工人。"

致辞之后是表演环节，安排了一位川剧变脸大师表演变脸和喷火。一位川剧演员身着华丽的传统戏装，戴着色彩斑斓的脸谱，不仅在舞台上表演，还走到观众席，"唰"一声就在你的眼皮底下换了一张脸，引得中外来宾连连惊呼，掌声雷动。

西式酒会中的交际舞环节也是一大亮点，庆典进行到一半时，音乐响起，正是轻盈的华尔兹！跨国公司的高层们不免要参加各种应酬，多少都有点"舞技"在身上。

普通的员工里会跳舞的倒是不多，马玉也不会，鹿露还算是会交际舞的。达西邀请她跳了一曲，徐约翰又邀请她跳了一曲。拘谨冷漠的徐约翰居然酷爱跳舞，并且跳得相当不错，在舞动的过程中展示着他身为领导的自信和魅力。鹿露神经紧绷，还要装着一脸镇定，心里不断默念："千万别踩到他脚，千万别踩到他脚。这钱真的是太难赚了。"之后便是陪着达西四处社交寒暄（翻译）。

忙碌了一整晚，酒会上的美味没吃到，只感觉又累又饿。回到家后鹿露瘫在床上，心里想以后可不要再参加这种活动了。

另一边马玉躺在床上一夜无眠，她本想借此机会好好表现一下给总裁留个好印象，结果弄巧成拙，又羞又恼。

酒会后的日子一切如常，鹿露还是过着上班打工、下班干副业的日子。项目也按照计划有条不紊地进行着，项目工程已经完成得差不多，很快就可以进入收尾。鹿露还做着完成项目后继续升官发财的美梦。

直到一个寻常的午后，达西和她约了一对一会议，并且告诉她一个大消息："鹿露，我要调回德国了。"鹿露大惊失色："什么？为什么？"

达西笑道："我要接任共轭药物的BU HEAD（业务部门负责人）。"共轭药物是一种抗癌药，是SK最大的业务部门，贡献了55%的利润。中国区既是最大的生产基地，也是最大的销售市场，中国区总裁也是汇报给BU HEAD，也就是达西即将成为徐约翰的新老板。

鹿露装出很兴奋的样子给他道了一声恭喜，恭喜他升职了。其实她内心充满了前途未卜的担忧，项目还没完工，老板调走了，那我以后咋办，好不容易磨合好，再来一个新老板，升职加薪是不是没指望了？

达西又给鹿露解释了一些不为人知的内幕，原先的BU HEAD年纪到了也需要退休了，公司也在选择继任者。说白了，达西属于下放基层熟悉业务，外加项目刷政绩，坐等提拔。

没想到托尼林这只蝴蝶扇动了翅膀，引起了一系列连锁反应，加速了整个过程。虽然李娜揽下了所有责任，但她实际上只是个背锅侠，销售总监引咎辞职，前总裁陈彼得也难辞其咎"友好分手"，就连总部的BU HEAD 也不得不提前宣布退休。所以，达西不得不提前上任。

鹿露之后又打听到更多的内幕：总部一年前换了一位新的

CEO。公司最大业务部的BU HEAD 跟CEO不怎么处得来,他在公司几十年从基层一路爬上来的,对这种没有根基的空降兵不怎么服气。另外他自己也多少有点功高震主的意味。所以,新CEO自然也希望这帮老臣赶紧退位让贤。据说达西是他的大学同学。更让人惊讶的是,徐约翰是CEO在前公司的下属。怪不得总监们都在质疑,按徐约翰的资历根本坐不上这个位置,原来是关系户。没想到欧洲人也搞这一套。这场变动是势在必行的,与其说是托尼林引起了地震,不如说地震选择了托尼林。

此刻鹿露的脑袋嗡嗡响,达西要走这事势在必行,她弱弱地问了一句:"那你什么时候走?谁来接替你的工作?"

达西答道:"一周后就走。比尔会负责项目的收尾工作。"比尔是项目的技术项目经理,汇报给达西。

鹿露的脸色更难看了,比尔的级别是不会配助理的。这可怎么办?不会把我开了吧?或者回总部,可是原来的职位已经被马玉顶替了……她还是颤颤地开了口:"那我的工作安排呢?"

达西很认真地看着她:"比尔不需要助理,所以很遗憾,你的职位将不会在项目部……"

鹿露真的是心如刀割,还没等到升职加薪,这下连饭碗都砸了,经济补偿能赔几个月?要不跟他卖惨,挤几滴眼泪,让他多赔几个月……

达西看着鹿露一张苦瓜脸,大概也知道她琢磨什么,他微微一笑："John（徐约翰）的助理一直空缺，我想你应该去试试看。我已经跟John推荐你了。"

鹿露大喜："真的吗？thank you。"达西笑道："我觉得你是很合适的人选。但是能不能得到这个工作还是要看你自己了。"

按照鹿露的理想职业生涯规划，她跟着达西努力学习，按时完成项目交付，随后再调到采购部当个主管，之后再按部就班努力升个经理。项目涉及大量的采购事宜，她本人也感兴趣，前辈走过的路径也是如此，本想着十拿九稳，哪知道自己命运多舛。计划赶不上变化，眼下她也没有别的路可走了。

汉克又来给她安排面试事宜。汉克打趣道："鹿露，你进步神速呀，这下子可要打入权力中心咯。"鹿露苦笑道："我的总监大人，八字还没一撇呢。"汉克自然是一通打鸡血加画饼。

鹿露要去面试总裁助理的消息，一下子就刺激了马玉的神经。她谨小慎微地在"代理总裁助理"的位置上辛苦经营。虽然徐约翰为人难搞，但是只要能坚持到转正，升职加薪也水到渠成。再说这位置，除了要看老板脸色，无论是总监还是经理，都要给几分薄面。现在半路出来个程咬金，她心里特别不是滋味。

汉克是个人精，自然了解她内心的小九九，于是跟她解释："公司在提拔人才时有既定的流程和程序，以确保选拔过程的公平性和透明度。我们要允许其他同事也参与竞争嘛。这也是展示你能力的机会，有比较才会有进步……"马玉听完心里好受一些，她毕竟也为徐约翰服务了这么久,没有功劳也有苦劳,之前徐约翰对她也没有表现过任何不满,也许真的只是个走个过场,到最后徐约翰发现没有比她更合适的人选就直接给她转正了呢?

这么一想,格局马上就打开了。于是马玉表现得极为大度,依旧和鹿露亲亲热热的。鹿露也不怀疑,在她看来并不是自己主动在抢马玉的饭碗,大家都是身不由己的打工人。难得马玉心无芥蒂,是个明白人。

很快就到了面试的日子。鹿露已经不是当时的菜鸟,面试还是有几分把握的。鹿露进入总裁办公室,这里简洁而富有权威感,办公桌上摆放着几本厚厚的文件和一台笔记本电脑。徐约翰坐在高背椅上,目光锐利而专注。

"徐总,早安。"鹿露轻敲一下房门,甜甜地打了个招呼。

"鹿露,来来,坐。"徐约翰微笑地招呼她坐下,"上次酒会,英语说得不错,舞也跳得不错。"

鹿露答道:"我是中山大学英语专业的,翻译就是主修专业。至于跳舞,真的是在您面前班门弄斧了,大学时候学的,一整晚我都在担心踩到您的脚,嘿嘿。"

徐约翰听完哈哈大笑,办公室的气氛也轻松了一点了。鹿露暗暗舒了一口气。

接下来的面试,徐约翰问了各种问题,考察鹿露的思维逻辑、应变能力和工作背景。比如:在项目部主要负责哪些工作?你对总裁助理这个职位怎么看？你认为怎样才能把这个职位做好等。不过这些问题鹿露提前都有准备。

最后，徐约翰问了一个问题："你负责的工作挺多的，你最喜欢哪一项工作？做你喜欢的工作与做你不喜欢的工作有什么区别吗？"

鹿露一愣，这个问题还真没想过，她略微思索道："于我而言，工作无所谓喜不喜欢，我既然接受了这个工作，它就是我的责任，那么我必须尽我所能把它做好。"

徐约翰点点头，似乎对这个答案颇为满意，他眼中的鹿露也应该是一个高度责任心、逆来顺受的社畜形象。

面试结束后，鹿露按照惯例回去等消息，有什么动静汉克自然会联系她。

这一周，鹿露还干了一件大事，就是和HR一起安排了达西的欢送会。说是一起，其实都是鹿露在干，她在得知达西要回国就开始筹划了。欢送会需要列好清单，准备礼物、鲜花、蛋糕、场地布置、邀请客人名单等。

礼物投其所好要选达西喜欢的，还要有中国特色，不能太贵也不能太便宜。鹿露选了一套刻着他中文名字的汉白玉印章，汉克看了也觉得不错。另外，她又带着技术部门的同事找各部门的老总亲自录了视频，视频中每人都送上临别寄语，再加上一些达西在中国的工作照片。

项目组员工人数多，大家DIY了一个卡片，在上面签字留言，下属们也都写了给达西的祝福留言。总之，整个欢送会主打一个依依惜别之情。

鹿露在留言中也很真诚地写下了"感谢你为我的人生打开了一扇窗，让我看到更加广阔的世界"的感谢语。

后来，达西和鹿露成了"跨国笔友"，一直保持着邮件往来。据达西说，鹿露做的那个欢送卡片后来还派上用场了。他回总部后，有些"政敌"还试图阻拦他上位，攻击他"员工关系紧张"，他悠悠地拿出卡片作证："谁说我员工关系紧张，中国区的员工不知道多爱戴我。"

鹿露结束休假不久，汉克过来通知她，徐约翰选了她，她将成为正式的总裁助理，任命的公告隔天就会发送全公司，并且约翰给她升了2级，工资涨了30%。

鹿露问道："那马玉呢？"汉克笑道："她的代理工作结束了，自然就回到原工作岗位。公司和徐总也很感谢她的付出。"

"然后，就没了？"鹿露暗自吐槽道，"就口头感谢？"她也不方便多问，只是连连向汉克道谢。她直接去问马玉也不合适，虽然是公平竞争，但这一通操作下来，倒好像她抢了马玉的机会。

想来想去，她还是给王思思打了电话："思思，HR通知我进总裁办了。"王思思道："这不是意料之中的事嘛。你的综合素质比马玉强一些，学历、英语水平、经验等都不错，换我也选你呀。还有达西的推荐，徐总有什么理由不选你？"

鹿露不好意思道："那马玉咋办？"王思思道："还能咋办呢？从哪来回哪去呗。唉，她那点小心思呀，就是觉得这几个月代理下来，徐总能对她多几分好感。可是如果徐总要想升她，早就给她转正了，又何必搞这么大阵仗面试呢？"

鹿露继续问："徐总就没说给她升一级，加薪水？要有那也不算亏呀。"王思思道："没听说。当初汉克让她去，我也提点她了，她也不敢提条件。现在也只能厚着脸皮跟徐总提一提，会哭的孩子有奶吃。"

第二天，任命的公告也正式发布。项目部的小伙伴纷纷过来道贺。按照惯例，项目部也会安排了一顿告别晚宴，小伙伴们嘻嘻哈哈地调侃"苟富贵，勿相忘"。

在项目部的日子是鹿露职场上最充实、快乐的一段时光。老板英明不糊涂，同事优秀肯做事，氛围轻松不内斗，就算工作再忙，心情也是愉悦的。

可见累死打工人的，往往不是工作，而是工作中遇到的人，拿着一份工资，干着两个岗位的活，听着三个傻瓜的使唤。只可惜，鹿露的职场再也没有遇到这样的神仙老板和神仙同事了。

鹿露办好相关手续，平静地到总裁办报到。她早已没了当年去项目部的雄起起气昂昂的架势了。升职自然是值得高兴，但又没有那么高兴。也许是因为她理想中的职业规划是完成项目升任采购主管，也许是因为隐隐地感觉到徐约翰并不是个省心的老板，也许是因为马玉的关系……

　　人生哪有那么多如愿以偿，多的是身不由己、阴差阳错。不管是好牌、烂牌，总要硬着头皮打下去。总裁办公室位于大楼的最顶层，占据着整个大楼采光最好的地方，大面积的落地窗，站在窗边可以俯瞰整个城市，有一种一览众山小之感。这里由办公区和会客区组成，方便平时总裁会客和商业洽谈。

◆精华：靠山山会倒，靠人人会跑

　　职场就是如此，意外情况无处不在，计划赶不上变化的情况也时有发生。尤其当面对领导的更换或职位的调动，我们的职场规划很容易被打乱，很多人会为此感到迷惘和不安。而故事中鹿露的遭遇，以及鹿露应对变化的反应，恰恰是每一个职场人都需要学会的重要课题。正所谓"靠山山会倒，靠人人会跑"，职场中我们最应该明白的是"变化是常态，适应是关键"，最应该学会的是"自力更生，自我发展"。这些职场思维，深刻揭示了在职场变化中找到自我价值和发展方向的重要性。

　　其实"靠山山会倒，靠人人会跑"这句话的核心就是在提醒我们，职场中不应过分依赖某个特定的人物或者组织机构，因为变化是不可避免的。正如鹿露的规划虽然合理，但达西的变动瞬间打乱了后续的一切安排。在职场中变化就是唯一不变的真理。而其中涉及两个关键理论,"职业自主性理论"和"职场适应性理论"。

职业自主性理论强调个人在职业生涯中的自主性和独立性。它告诉我们,即使在高度依赖领导或团队的环境中,也要保持自我发展和自我能力的提升。了解这一理论可以帮助我们在面对突如其来的职场变化时,如领导的更换或组织结构的调整,能够迅速调整策略,找到新的定位和发展方向。

而职场适应性理论则关注个体在职场环境中的适应性和灵活性。它讲述了在不断变化的工作环境中,如何快速适应新的角色和要求。理解这一理论的重要性在于,它可以帮助我们在面对组织变化、角色转换或新的工作挑战时,能够保持积极乐观的心态,并能快速适应变化、克服困难。

为了帮助大家在职场中更加顺畅地应对各种变化,在这里给大家提供一些实用的职场策略与建议。

1.独立自己的职业身份

职场中,我们要学会独立自己的职业身份。不要完全依赖特定的老板或团队,要努力塑造和提升自己的专业形象和个人品牌,这样即使在领导或工作环境变化时,你也能保持自身的竞争力和市场价值。

2.养成良好的学习习惯

自称资深懒人的鹿露在职场"摸鱼"过程中为了让自己适应职位的变化也在不断学习,可见职场中不懂得学习的人很难长久生存。养成良好的学习习惯，适应行业和职位的变化是我们打工人的基本认知。通过阅读、在线课程、行业交流等方式保持知识更新，增强应对变化的能力十分必要。

3.发展多元化的职业人际关系网

职场中我们也要对企业和团队忠诚，但忠诚并不等于把鸡蛋全部放在一个篮子里。我们不要仅仅依赖当前的领导或同事，而应该建立广泛的职业人际关系网。比如，参加行业活动、社交聚会，甚至跨行业交流，这些都能帮助你在需要时找到新的机会。

3.4 职场没有姐妹

◆ 求人不如求己

来到徐约翰的办公室，鹿露先和徐约翰打了个招呼，徐约翰礼貌地跟她握手："欢迎你。"之后，徐约翰用了20分钟的时间和她交代了职位变动的各项内容。嘱托完之后，他打电话把马玉叫进来，对马玉表示了感谢，也交代她跟鹿露做好工作交接。

见完徐约翰，马玉把鹿露带到了总裁助理办公室。总裁助理也有独立办公室，就在总裁办公室隔壁，方便总裁安排工作。这里办公设备一应俱全，有独立的打印机、传真机、复印机等，工作起来非常方便。因为需要处理总裁的机密文件，独立办公也可以减少信息泄露的风险。

马玉拉着鹿露坐下来，虽然内心酸涩可还是挤出一丝笑容跟鹿露寒暄了几句，两人又到经常打交道的部门打了招呼。中午，徐约翰邀请两人共进午餐，一是"送旧"，感谢马玉这段时间的支持；二是迎新，欢迎鹿露入职。

这顿饭吃得两人如坐针毡，有种只见新人笑，不见旧人哭的感伤。徐约翰不是什么亲民的老板，马玉也不是话多的人，加上内心苦涩，更是寡言少语，只剩下鹿露硬着头皮没话找话尬聊。直到最后，马玉也没有张口和徐约翰提出什么补偿要求，再加上有外人在，也不方便，她简直怀疑徐约翰是故意这样安排的。

鹿露本想着和马玉是好姐妹，对方一定会帮自己的。不想马玉并不是这么认为的。马玉潜意识认为自己的职位是被鹿露抢走的，一肚子的不舒服。如果没有鹿露这个竞争对手，如果达西不推荐，自己未必不能转正。于是，她对交接工作充满了抵触。恰好徐约翰没有向她提出具体的交接目标和要求，她也有些应付。

交接工作中，她简单地给鹿露介绍了一下平时的工作内容，不过一个多小时，就完成了鹿露的工作交接和培训。马玉还客气地问鹿露，有什么问题需要她进一步解答。

鹿露问了几个工作细节的问题，她都回答"跟你之前的工作也差不多。"鹿露又问总裁有什么偏好习惯，她又回答："徐约翰为人随和，没什么特别需要注意的。"鹿露只得说暂时没有问题。

平时工作的一些常用模板和表格，马玉也没有跟鹿露交接。鹿露心生不悦，暗自吐槽道，格局太小了，这些表格和模板还是当年我教你做的。

恰巧当时公司上线了一个新管理系统SAP，各种申报审批都需要通过系统。总裁一般会授权自己的助理完成这些工作。申请相关的权限需要总部一层一层批复，要花费一些时间。按理来说鹿露入职后第一时间就应该申请自己的权限。

鹿露问："这个权限应该找谁申请呢？"马玉回答："我联系总部那边帮你申请了。这个权限申请下来没那么快，你不要着急。"事实上，她也并没有申请，一周过去了，权限还是没下来。工作上有什么需要，鹿露不得不去求她帮忙审批。而马玉对鹿露已经表现出抑制不住的反感，她就是不愿意教鹿露。因为她总是认为鹿露忽然被升为总裁助理，是抢了自己的位置，这是对自己极大的不公。她何苦还要为她的工作添砖加瓦、提供便利。

鹿露也感受到马玉的敌意。能怎么办呢？跟老板告上一状，说马玉阻挠自己交接工作。老板说不定嗤之以鼻，还觉得自己能力低下，连这点小事都搞不定。

鹿露下定决心："得了，求人不如求己，我也不需要你帮忙，靠自己吧。"她跑去问了人事部、技术部、财务部，把申请流程捋清楚，把新权限申请下来了，同时又把马玉的权限给撤销。

表格模板什么的自然也不用愁，最初马玉都是自己教的，再做一套就是。其他工作事宜，边做边学就是了。总裁的脾性终究还是要自己慢慢揣摩。

别忘了鹿露还有个金牌外援——前总裁助理袁圆。虽然她和徐约翰处不来，但是这个岗位她有丰富的经验，有什么不懂的也可以向她请教。

某天，马玉突然发现自己登不进去系统了，虽然内心非常失落，但她也知道不管自己如何阻挠，鹿露的工作终归会步入正轨。

此后，鹿露待马玉便不如以前亲厚了，马玉约她吃午饭也总推说没空。毕竟她现在是总裁助理，职场身份也提升了不少。

◆ 精华：职场中讲感情是站不稳的

职场中的感情究竟能否靠得住？答案是能，但是有一个前提：彼此的感情没有涉及利益，至少没有存在任何利益冲突。一旦站在利益面前，职场感情都要受到影响。正如在鹿露这段经历中，她不仅认识到"职场没有好姐妹（兄弟）"，更体会到"教会徒弟，饿死师父"的。

其实，这也是职场的普遍现象。在职场，人际关系可能因为职位的变化、利益的冲突或组织结构的调整而发生转变。这就要求我们在职场中保持一定的独立性和适应性，以应对不断变化的环境。另外在职场中，过度分享个人技能和知识可能会对自己的职业发展产生不利影响。虽然分享和协作是团队合作的重要部分，但过度的无私也可能导致自己的价值被稀释。因此，平衡个人和团队利益，学会在合作中保护自己的核心竞争力至关重要。

首先，"职场没有好姐妹（兄弟）"这一观点反映了组织行为理论中的一个重要概念——职场关系的流动性和实用性。在职场，人际关系往往是建立在共同的工作目标和利益基础之上的。随着职位的变动、项目的更迭或是组织结构的调整，这些关系可能会迅速变化。因此，一个人在职场中要学会适应这种关系的不断变化，同时也要保持一定的自我独立性和心理弹性，以应对职场中不断变化的人际关系。

其次，"教会徒弟，饿死师父"这一观点揭示的是知识共享与个人利益之间的微妙平衡。这与管理学中的知识管理理论相关联。在团队合作和知识共享过程中，我们需要认识到分享和保留知识之间的平衡点。过度分享可能会削弱自己在职场中的竞争优势，而不分享则可能影响团队协作和个人在组织中的形象。找到这个平衡点，是每个职场人都需要学习的技能。

通过这些理论，我们可以更有效地应对职场的不同挑战，实现职业生涯的长期发展。建议各位职场小伙伴做好以下几点。

1.建立正确的自我价值观

打工人一定要明确自己的职业价值观和目标。在职场中，每个人都应该有自己的原则和目标。当职场环境变化时，这些原则和目标可以帮助我们保持方向感和动力。在鹿露的故事中，鹿露的自我价值观一直非常清楚，无论她处于哪一职位，都非常明确自己是打工人，同时对打工者的无奈保持清醒。而马玉则没有鹿露通透，这导致她在职场变动时因为认知不清影响了自己与鹿露的关系。

2.职场关系的灵活处理

虽然职场中没有永久的盟友，但这并不意味着不能建立正面的职业关系。重要的是要识别哪些关系是对职业发展有益的，同时保持一定的距离感和独立性。这意味着在与同事交往时,要保持专业和友好,但同时也要留有自己的空间,不过度依赖特定的个人或群体。

3.培养应对变化的心态

职场中的变化是不可避免的,我们需要培养一种适应性强、灵活应对的心态。面对新挑战时,保持积极乐观的态度,寻找解决问题的新方法,而不是被困境困扰。

3.5 得罪了老板该怎么办?

◆每个老板的脾气不一样

鹿露正式当上总裁助理之后,才深切体会到袁圆当年的苦楚。如果达西当年的级别堪称困难级别的话,徐约翰简直是地狱级别的老板。相比之下,达西对她的磨炼压根不算什么。

鹿露很快就摸清他的特点。徐约翰待人接物礼貌而冷淡,永远是一副拒人于千里之外的样子,他根本无法也不会与员工打成一片。徐约翰生性多疑,对员工缺乏信任,会怀疑每一个员工的动机和能力。他不放心员工,提防员工,对骨干员工,比如对掌握实权的业务总监们保持高度警惕,时刻担心有人会通过一些手段或者漏洞给他布置业务陷阱。

虽然是总裁,但是他毕竟初来乍到,对人事、业务都不太熟悉,正是需要拉拢人心靠别人卖命的时候,可是他实在太多疑了,根本不会对员工充分授权,只有把权力牢牢地抓在自己手里,大小事宜都要过问一下,才觉得放心。

这就导致一项工作表面上看是你在做,但是如果过程中你不经过他的同意和许可就自作主张,那他则不乐意。虽然他常常说"工作要以结果为导向"，但是你在努力追求好的结果过程中，每一个环节，每一个动作，每一个安排，都要让他清楚、批准，甚至需要他的参与才行。如果有一个环节不符合他的心意，那结果再好，你也要受到批评。

每天他都需要频繁地打电话、发邮件，要求总监们汇报工作进度。或者突然召集会议，以检查他们的工作。事无巨细地要求下属对各项工作定时汇报，这种频繁的干预让总监们苦不堪言，很快就怨声载道。但是总监们的抱怨又被他理解为"不配合"，这进一步加剧他的不安与多疑，控制欲再次加强。

鹿露尝试着理解自己的新老板徐约翰。上一任总裁陈彼得走得不体面，总部对新任的中国区总裁自然也要加强控制。徐约翰在这个时候接手，本身也受到了更多的监督和限制。为了不落得和前任总裁一样的下场，他自然需要十分谨慎地处理资金、业务相关的所有事项。初来乍到，资历也不深厚，而下属们都是在公司多年的老员工，但凡他有一丝力不从心，这群人就敢把他拉下马，他实在是不敢有一丝放松。

"其实达西刚来的时候，不也是用怀疑的眼光审视大家的吗？我相信只要我用心为老板办事，老板总会把我当自己人的。"彼时的鹿露相信自己能像搞定达西一样搞定徐约翰。

但是她很快就发现自己的想法天真了。与徐约翰相处时，那种不被信任的感觉十分强烈，简直令人窒息。鹿露只好谨小慎微，努力不让自己出一丁点纰漏，不夸张地说，哪怕晚宴的桌布颜色也要请徐约翰定夺。

然而，她还是不可避免地犯错了。这一日，财务部的露西拿着一份徐约翰的报销单过来找鹿露："鹿露，帮我把这个报销单拿给你老板签字吧。"

鹿露问道："他就在隔壁，财务部的机密文件不都是你亲自递给他签的吗？"露西面露难色："江湖救急。昨天我拿了一份文件给他签字，被他问得哑口无言，这会我是真不敢去。"原来昨天露西送一份报表给徐约翰签名。徐约翰接过报表，连问了露西N个编制报表的问题。露西只是个跑腿的小助理，她老实回答报表不是她编制的，她答不上来。没想到，徐约翰当场回怼："你不懂你不会主动学习吗？"又絮絮叨叨地教训了她一顿，吓得露西差点当场哭出来。

鹿露看了她递上来的文件，只是徐约翰自己的一份报销单，也不是什么机密文件，心一软就让她留下来，下午帮她递过去签字。露西连连道谢。

下午，鹿露把露西的报销单和其他文件一起递过去签名。徐约翰扫了一眼，发现自己的报销单，不解问道："为什么会有我的报销单，要我自己签名吗？"鹿露解释道："财务部的同事带过来的，按照规定需要您在这里签名。"徐约翰当时并没有说什么，大笔一挥，也签了，之后便去出差了。

本以为这只是件微不足道的小事。结果，第二天打开电脑，鹿露整个人裂开了。徐约翰给她写了一篇500字的英语小作文，中心思想就是"你为什么把我自己的报销单给我签名？自己签自己的报销，你是在暗示我是一个监守自盗的人吗？你是在质疑我的integrity（诚信）吗？你是认为我会像上一任总裁一样吗？你是我的助理，你怎么可以这样质疑我？"

鹿露的脑子嗡嗡响，她对天发誓，从未有过一丁点这样的想法。这真的只是一份简单的报销单而已。徐约翰到底是怎样的脑回路，才能从签一份报销单联想到质疑他个人诚信的问题？

当天签字时，徐约翰已经略感不满，只是没有发作。之后他越想越不对劲，琢磨了一晚上，估计都快怀疑鹿露是对手派来的内奸了。不然她为什么会让总裁自己批自己的报销单呢？上一任总裁不就是因为在钱上不清白才走得如此难堪吗？这绝对是在试探我的诚信……

鹿露收到这份"恐怖邮件"，整个人都不好了。不解释肯定不行，可是解释了他也不信啊。如果应对不好，估计她也要卷铺盖走人了。幸好徐约翰出差了，还能给她点应对的时间。

她先给财务部打了个电话，了解了相关的财务流程和规定。接下来，一整个下午，她对着电脑绞尽脑汁、字斟句酌，最后写了一篇500字的英语小作文来回应这件事情。

鹿露的这封邮件十分有技巧，主要分为三步。

第一步，不要与老板争辩，先做自我批评。开篇先进行深刻的检讨和自我批评，主动承认是自己处理不当造成了总裁的误解。接着表明自己绝无这样的心思。

第二步，解释问题发生的原因，并提供解决方案。解释公司财务的流程，说明造成误会的原因。偷换概念，把总裁对自己的质疑转化为总裁慧眼如炬发现了财务流程的漏洞，毕竟自己批自己的费用，确实也有不合理之处。之后提供解决方案，与财务部仔细评估内部流程，并进行优化和整改。

第三步，表达自己绝无二心以及对老板的敬意。表示公司正是他力挽狂澜才走上正轨，能与他共事是自己几辈子修来的福分。

徐约翰收到这份言辞恳切的邮件，心情大悦。他很享受这种恭维，每一句赞美都像美味佳肴，让他的自尊心得到满足。

他回了一封邮件表示肯定，并表达对鹿露以后工作的期许。这事儿就算是翻篇了。下班后，鹿露把事情一五一十地说给袁圆听，袁圆笑得东倒西歪，道："他要是那么好伺候，我当年怎么会裸辞？不过你这马屁拍得可以呀。他看了肯定高兴。"

每个老板的脾气不一样。达西喜欢聪明、执行力强、有自己想法的员工，他也愿意给予员工极大的授权和自主权。这样的老板，和鹿露是非常合拍的，她可以轻松地做自己并且得到老板的赏识。

徐约翰则恰恰相反，他喜欢顺从的、听话的员工，这更能满足他的掌控欲。他对那些有自己的一套行为准则、绝不随便恭维老板的员工就比较疏远。要得到这样老板的青眼，鹿露不得不掩藏自己的本性，一味装乖讨好，长期下来疲惫不堪。

只是这种事儿压根没完没了，但凡有一丁点不合心意，徐约翰又是颇有微词，在信任和不信任自己的下属之间翻来覆去。鹿露不得不谨言慎行，老板的一个眼神、一句话都得琢磨半天，生怕哪里又触到他的逆鳞，而他仿佛周身都是逆鳞。刚开始，鹿露还觉得只是刚上任，彼此都需要磨合，后来越来越觉得这就是他的领导风格，就像一块怎么都焐不热的冰块，始终不冷不热，不远不近、不亲不疏。她不得不承认，徐约翰不是达西，她能得到达西的信任和赏识，不代表她能从徐约翰身上获得同等的信任和赏识。这份工作做得相当疲惫。

对于职场老油条，这其实也不算什么。千里马常有而伯乐不常有。老板的信任和赏识只是职场中的一时光景，而不被赏识则是司空见惯的常态。反正工作照做、工资照发，徐约翰只是不够信任她，却也并没有针对她，为难她，这个工作还是可以相安无事地做下去的。

只是当时的鹿露，还看不穿这一切。与达西共事的经历让她产生了一些错误的认知，她必须获得老板的信任、她必须获得老板的赏识、她必须是老板亲密的战友。如此模糊不清，后面踩雷自然是无可避免的。

◆ 精华：职场中扭转乾坤的智慧

正所谓常在河边走，哪有不湿鞋？职场打拼肯定会有疏忽、犯错的情况，其中最令人头疼的便是无意间得罪领导，鹿露的这段经历恰恰阐述了这一情况。不过鹿露的经历也为我们提供了一种深刻的认识：即使在不慎得罪老板的情况下，也有机会扭转局面，重建信任和获得尊重。她通过一系列策略性的步骤，不仅挽回了自己的职业生涯，还提升了与上司的关系，这正是职场智慧的体现。

我们需要明白，这种智慧并非天生，而是可以通过学习和实践获得。鹿露的故事中，她采取了三个关键步骤来扭转局面：不与老板争辩，先做自我批评；解释问题发生的原因并提出解决方案；表达对老板的敬仰之情。这些步骤不仅是处理职场冲突的有效策略，也是构建长久职场关系的关键。同时鹿露的处理方法涵盖了心理学、管理学等多个领域的理论。现在，我们就来逐步分析一下。

1.不与老板争辩，先做自我批评

这一步体现了鹿露极高的情绪智力（情商）。丹尼尔·戈尔曼在提出情绪智力这一理论时，就曾强调情绪智力同样体现为在职场中理智地管理自己的情绪，并有效识别和回应他人情绪的能力。当我们面临上司的批评时，能够冷静自我批评并避免与上司争辩，正是高情绪管理能力的表现。这不仅有助于缓解紧张的氛围，更能为后续的沟通和问题解决打下良好基础。

这一步看似简单，其实在现实中并不容易做到。尤其是在上司对我们产生误解时，大多数人的第一反应就是辩解或争执。但这往往会加剧冲突，损害我们的职场形象。相反，控制自己的情绪，先进行自我批评，展示出你愿意接受反馈并从中学习的态度。这不仅能够缓和紧张的气氛，也能给上司留下成熟和理性的印象。实践这一策略需要强大的自我控制力和情绪智力。这意味着在面对批评时，我们需要学会从中寻找有价值的信息，而不是仅仅为了自我辩护。

2.解释问题发生的原因，并提供解决方案

这一步涉及问题解决和冲突管理的能力，这是职场管理学中常讨论的主题。在这一过程中，鹿露展现出了批判性思维和创造性问题解决的能力。通过分析问题的根本原因，并提出具体可行的解决方案，这就让徐约翰看到了自己的专业性，更疏解了他的职场敏感情绪。

鹿露的表现告诉我们一个道理：在职场中，问题的解决通常比问题的原因更重要。当我们提出问题的可能原因时，应当同时提出解决方案。这不仅展示了我们的问题解决能力，也显示了我们对工作的认真态度。

这一步骤的关键在于，我们需要在提供解决方案时，确保方案是切实可行的。这要求我们具备良好的分析能力和创造性思维，能够快速地从不同角度分析问题，并找出最有效的解决方法。

3.表达对老板的敬意

这一步骤涉及职场人际关系的管理,尤其是上下级关系的处理。通过真诚地表达对老板的尊重和敬意,可以有效地修复因误解或冲突造成的关系裂痕。在心理学中,这关联到正面情绪的传递和信任的建立。表达敬意和尊重不仅能够改善个人与上司的关系,还能在组织内部营造更加和谐的工作环境。鹿露就是利用这种方式缓和了自己与徐约翰的关系,同时提高了自己在徐约翰心中的地位。

通过这些方法分析与学习,我们可以在职场中更加稳健地前行,即使在面临危机或冲突时,也能够有效地管理和解决问题。记住,在复杂多变的职场环境中,我们的成败往往取决于如何与他人建立和维护关系以及我们如何处理面临的各种挑战。

3.6 经营好主业和副业

经此一役，鹿露算是摸到了和徐约翰相处的门道了，大多数时候也算相安无事、岁月静好。徐约翰看她也算本分可用，后来也让她管2个新来下属及处理一些东南亚的小业务。此外，徐约翰要求总监们的助理将工作汇报除了直接汇报给自己的直属领导，也要汇报给鹿露这位总裁助理。

只是鹿露也敏锐地意识到，自己在SK的晋升之路也算是到头了。徐约翰喜欢安分守己的下属，能力强、野心大、力争上游在他这里可不是什么优点，他更不可能提拔自己的下属。另外，SK目前的组织结构也非常稳定，她想要跳槽到别的部门做管理也确实难。

SK是个难得的好公司，自己好不容易晋升到这个位置，走是不可能走的。鹿露仔细思量了"总裁助理"这个职位的性价比。职位不算位高权重，但是接近权力核心，上至高级总监，下至普通员工，多少都要给几分薄面，除了要看总裁的脸色，基本还算舒心。工资不高不低，跟工作量成正比，加班也不多，也算是个能"摸鱼"的好差事。

更重要的是，鹿露已经刷过一轮"职场升级打怪"副本了，知道靠升职加薪实现年入百万元这事性价比有多低。

其实，衡量做与不做某件事情的准则很简单："永远把时间和精力放在能为你创造更多价值的地方"。

当她还是个小助理的时候，拿着四五万元的年薪，雄心勃勃，觉得自己就是要当上高管，出任CEO，走上人生巅峰。她还算幸运，有过两次不错的升职，工资也升了几级。但是无论工资涨得如何快，还是难以达到自己的目标。

想要在30岁左右年入百万元是非常困难的。就算职场之路非常顺遂，30岁以后能当上经理，年收入也不过三五十万元。

为了得到这一切，她必须更加努力，加班加点地工作，积极进取，那么就不可能花更多的时间和精力去做副业了。可是，这点钱，如果她愿意更努力地经营副业、研究投资，很快也可以得到并超越。

再者，职业经理人也不过是高级打工人。鹿露跟这么多大佬工作过，深刻地体会到"人前显贵，人后受罪"说的就是这个群体。加班，应酬，内斗，搞关系，24小时待命，天上飞的时间多过家里待的时间。

压力大是一回事，不稳定是另一回事。不管多大的老板，也只是打份工而已。陈彼得仓促下台的情景还历历在目，他本人还没反应过来，法务已经来监督他收东西了。更不要说普通小经理和员工。鹿露经历的几次大规模裁员，99%的打工人都会被吓坏。

终于有一天，她看破了，这些情商智商的消磨，时间精力的付出，斗智斗勇，委曲求全，其实并不值得。哪里赚的钱不是钱？何必死磕工作。有个稳定的工作保底，好好经营副业敛财岂不更香？

在这些年职场升级打怪的间隙，鹿露并没有放弃副业搞钱。让人出乎意料的是，副业的发展和收入反而超过了主业。

鹿露兼职的翻译公司一位股东另起炉灶开设了新公司，他看中了鹿露的才能，邀请她去当合伙人了。

因为工作上"摸鱼"，她有了更多的时间研究理财、发展副业。陆陆续续买入了5套房，又意外搭上自媒体的东风，成了小有名气的博主。

这一系列的副业奇遇记，我们将在"副业篇"为你详细展开。

努力十年 财务自由

副业篇：

下班后四小时 赚钱的主战场

第四章

时间管理：如何充分利用你的闲暇时间赚钱

4.1 时间比金钱更稀缺

想清楚自己的定位之后,鹿露在工作上做好自己的本分,多出来的时间既可用来搞副业赚钱,又可休闲娱乐,别提有多惬意。

下班后,鹿露窝在沙发上看了一部科幻电影叫《时间规划局》。电影剧情设定还挺有意思的,在未来世界中,时间作为这个世界唯一通行的货币,一切收入和支出都化为时间的核算,比如一杯咖啡4分钟,一顿早餐30分钟。富人们拥有大量的时间可以永生不死,而穷人们的生存则变得很艰难,不得不穷尽一切手段去挣时间,争分夺秒,时刻与死神赛跑。

时间比金钱更具有稀缺性,因为金钱可以钱生钱,可以滚雪球,可以继承。而时间却不具有这个属性,时间是不可逆转的,每一个人从出生就开始倒计时,每过一秒少一秒,不管你是大富翁还是穷小子。

不管是工作也好,副业也罢,本质上都是在用时间交换金钱。只是每个人的单位时间价值不同,因此交换回来的金钱数量也不相等。

做副业,最大的敌人就是时间。一个职场打工人,除去8小时工作时间(可能还有加班),上下班通勤,还需要陪孩子、做家务、刷手机……样样都是时间黑洞。

想靠副业赚钱，首先必须保证自己拥有足够的时间用于交换金钱。你需要有效管理时间，以确保工作、副业和个人生活之间的平衡。鹿露总结了一个有效的时间管理法，让自己把24小时发挥出48小时的效果。

4.2 时间管理五步法：你的碎片时间很值钱

当代社会开始流行这样两个名词：穷忙族[1]和青贫族[2]。有人说这是网络调侃，但其实这是当代无数打工人的真实写照。想一想，谁的身边没有一些又忙又穷，或者年轻清贫的朋友呢？或者我们自己就是其中一员。那么我们是否想过自己沦为这一群体的根本原因呢？可以明确的是，无论你有多少客观理由，都逃不过一个主观原因，这就是：不懂得时间管理。正如《时间规划局》中所说，其实时间才是衡量这个世界财富的根本砝码。

一个人想要变得富有，首先需要增加自己单位时间的价值。我们常常感叹时间不够用，其实是忽视了有效的时间管理。在我们常常感叹时间不足的同时，有没有想过，我们每天花费在刷短视频上的时间有多少？我们每天用于有效学习、工作的时间又有多少？如今，互联网上流行着这样一个词语"kill time"，即消磨时间。而消磨时间最典型的表现就是在一些懒散、消极行为中让时间不知不觉地流逝。

---

[1] 穷忙族来自英文单词"working poor"，原指那些薪水不多，整日奔波劳动，却始终无法摆脱贫穷的人。但是随着逐渐壮大的"穷忙一族"队伍，主要界定为每周工时低于平均工时的三分之二、收入低于全体平均60%者。这个定义又逐渐发展成一种为了填补空虚生活，而不得不连续消费，之后继续投入忙碌的工作中，而在消费过后最终又重返空虚的"穷忙"。

[2] "青贫族"，指夫妻皆不满40岁的双薪家庭，只要抚养两个孩子，又住在中国台北市，就可能沦为"中低收入户"，成为名副其实的"青贫族"。

所以，不要整天抱怨缺乏时间，我们更应该重视的是消磨时间的行为。如果你每晚都沉浸于短视频中迟迟无法入睡，第二日起床后困倦不堪，又如何让自己的时间真正发挥作用与价值呢？

我们用于消磨时间的行为，其实是拖延症的一种表现。消磨时间的习惯本质上就是拖延和逃避。这就导致了一种矛盾的现象发生，无数人在拖延的同时，又抱怨时间不够用。

如今，无数人正在受困于这种生活状态，而且大多数人不明白自己为什么会养成消磨时间的恶习。其实这一行为的根源在于对时间流逝的感知不足。举一个最简单的例子，抖音官方平台显示，2019年抖音用户为6.8亿人，日均在线时间为25分钟，但到2022年，抖音用户的数量已经增长到8.8亿人，且日均在线时间为125分钟。这一数据无疑是我国自媒体行业良好发展的表现，但数据背后揭示着一个惊人的事实，越来越多的人正加剧着时间的消磨，而且这种习惯的养成是无意识的。

从理论上来说，时间的流逝是无形的，我们无法从物理上抓住它，但我们可以在意识层面、观念层面珍惜并利用它。有效利用时间最简单的方法便是将时间视为资金、资源。新的一天到来时，这个世界上所有人都处于相同起跑线，如何把相同的时间资源转化为最大的工作、生活价值，就成了宝贵的财富思维。

对于消磨时间而言，还有一个关键注意点，这就是碎片时间的有效利用。因为消磨时间更多是将无效的碎片时间延长，或者将某些事件的无效性放大。所以改善自己的时间管理情况可以从碎片时间的有效利用开始。与大家分享一套有效的方法。

第一步，识别和整理碎片时间

要有效地管理零碎的时间，关键的第一步是识别和整理碎片时间，认清日常生活中碎片时间，并思考如何收集并优化利用。为大家推荐一个简单有效的方法，这就是利用笔记本或手机上的时间管理App记录下一天中各种事务花费的时间。之后你会惊讶地发现自己拥有大量的碎片时间。接下来，通过制订时间优化计划，可以让这些零碎时间变得更有价值。

例如，通过一天的记录我们发现自己生活中常见的碎片时间有如表4-1所示的几个时间段。

表4-1 碎片时间段

序号	事件	时长（分钟）
1	洗漱	20
2	通勤	120
3	家务	50
4	睡前看短视频	60

针对这些每天出现的碎片时间段,我们可以进行简单的管理优化。即将其他事务安插到这些碎片时间内,比如表4-2所示。

表4-2 碎片时间段优化

序号	事件	优化方法
1	洗漱	观看微博热点时事
2	通勤	听/看小说,规划工作事项
3	做家务	听博客、听英语
4	睡前	规划第二天的事务、适当放松看短视频

如此一来,你的碎片时间利用效率便可以得到显著提高。

同样,我们也可以从有效的工作时间入手。比如,我们的某一项工作任务、学习任务需要花费20分钟的时间,那么我们就可以思考如何将这项工作任务、学习任务安插到碎片时间内完成,如此一来我们就可以获得更多的可用时间。

在记录自己日常生活事项所需花费的时间时,建议大家同时养成另外一个习惯,这就是提前为各种生活事项设定合理时间,并严格遵守。比如早餐时间设定为30分钟,就一定要在30分钟内完成,否则一些事务的拖延就会导致其他事务受影响,降低时间利用的有效性,且这种消极的生活态度也会导致我们养成其他不良生活习惯。

进行日常生活事务花费时间的记录还有另外一个好处,这就是清晰了解自己每天的时间分配。这不仅可以提高我们的时间利用效率，还可以提高自己的生活掌控能力。

第二步，进行有效的时间整理

被誉为时间管理大师的阿兰·拉金在《如何掌控自己的时间和生活》一书中提出了一个重要观点：在两项任务中间一定会有一块空闲时间，这段时间是最容易被浪费掉的。

这一观点能够帮我们发现大量的碎片时间，然后将这些碎片时间进行有效整理，这样就能够大大增强我们的时间管理效果。对于这些碎片时间的整理，以下几种实用方法可以试试。

1.嵌入式时间管理

这种方法涉及将特定时间段用于特定活动。例如，鹿露每天中午到下午12点–2点午休，吃完午饭是下午1点，那么在下午1–2点的这一个小时的时间就可以嵌入一些其他事情。于是她通常会选择阅读，利用这60分钟的时间阅读财经新闻、读一本好书，或者查阅英语写作/翻译的相关资料。使用这种时间整理方法时我们需要注意一个关键点，这就是确保给自己留出足够的休息时间。

2.并行式时间优化

在日常生活中，我们经常会在某些活动中花费大量时间用来等待，如通勤。我们其实可以把这些时间用来同时做两件或多件事情。

例如，鹿露出差的途中，遇到飞机延误，需要等待3个小时，那么与其浪费时间刷短视频，不如拿出电脑做一篇翻译或者写一篇公众号文章。同理，如果你是坐地铁或者巴士上班，那么你可以利用这段时间阅读、查阅资料；如果你是开车上班，那么你可以利用这段时间听书、听播客。使用这种时间整理方法时也需要注意一点，确保同时进行的活动性质不同，以免相互干扰。

3.积累式时间管理

如果一个项目需要较长的时间来完成，可以考虑将多个碎片时间累积起来。比如，完成一篇英语翻译可以分散在多个时间段完成——午休时查阅资料，下班后编写草稿，第二天再用午休时间进行修改和排版。

比如，鹿露完成一篇英语翻译就是用好几个碎片时间完成的。上班午休1小时可以用来查阅资料、准备素材。下班后的时间，可以用来完成稿件。第二天午休时间可以用来修改排版。

我们可通过提前制定明确的步骤，并用有效的时间管理技巧，比如"奶酪时间管理术"[①]，来进行合理分配，这样即可在截止日期前轻松、高质量地完成任务。

[①] 奶酪时间管理术是阿兰·拉金在《如何掌控自己的时间和生活》中提出的一种时间管理方法，这种策略以奶酪充满小孔的特点作为隐喻，强调利用零星时间片段而非等待大块的连续时间。这对于启动项目或维持项目的连续性都是极为有效的。奶酪策略的核心在于珍视每一时刻，无论这些时刻多么短暂。假设你的目标需要10个小时来完成，并不意味着你需要等待一个完整的时间段才能开始行动。即使只有15分钟、10分钟甚至5分钟，你也能完成许多关键步骤。

第三步，安排合理的起床时间

管理我们生活碎片时间的第3至第5步主要针对日常生活，其中起床时间尤为重要，可以说如果我们能够在每天的起点时间进行有效的时间管理，则能够有效增强一天的时间管理效果。

每个人的早晨安排各不相同，大多数人都有自己的一套习惯和规划。先以鹿露为例分析一下早晨的时间管理规划。按时早起对时间管理十分重要，很多人已经养成了熬夜的习惯，这对第二天整天的时间管理都会造成不良影响。所以要明确告知自己，想要早起，需要早睡。对此，鹿露给自己的安排是每晚11点之前入睡，中午适当午休，如此能够保持一整天的精力。因此，鹿露每天都会力争晚上11点前睡觉，以确保早上7点前起床。起床后，鹿露习惯冥想，然后参加早会，进行运动。

当然，这只是鹿露个人的时间管理习惯，早起并不是必需的，它取决于个人习惯和生活方式。只要我们能够保持一整天的精力充沛，那么我们也可以进行有效的时间管理。不过，无论我们什么时候起床，在每天的时间起点就进行有效的时间管理都极其重要。

在此，总结了几点建议分享给大家。

（1）选择合理的起床时间，不必盲目跟随他人。我们完全没必要按照他人的习惯强行要求自己早上5点起床，毕竟睡眠不足会导致一天的效率低下，这反而会起到相反的作用。

（2）在早餐前制订一天的计划，以确保积极主动地开展行动。

（3）尝试在清晨的宁静中找寻乐趣或动力，享受一天喧嚣之前的宁静时刻。

总而言之，合理的起床时间应使你身心舒适，而不是一种痛苦的煎熬。用最健康、最舒适的起床时间开启一天的时间管理，能够起到事半功倍的作用。

第四步，进行通勤时间的管理

对于职场人士而言，通勤时间往往是最长且最宝贵的碎片时间。以鹿露为例，鹿露考证时就曾参加过培训班，这段时间为期3个月。每天鹿露需要在公司和培训班之间往返，单程花费的时间为20分钟，通勤工具是地铁。这段时间鹿露便没有荒废，而是要求自己每次通勤时掌握一个知识点。因为鹿露发现自己掌握一个知识点的时间正好在20分钟左右，就这样，3个月内鹿露花费了60个小时的通勤时间，她利用这段时间掌握了近200个知识点，这为她顺利通过考试打下了坚实基础。

事实上，这也是合理利用通勤时间的最佳方法。我们需要思考的只是针对不同交通方式，采用不同的通勤时间利用方法。

1.公共交通工具

在公交或地铁上，常见的消磨时间方式是刷短视频或玩游戏。

但实际上，这段时间用于冥想或阅读会更有益（虽然不推荐在颠簸的公交上阅读，这可能对视力不利）。听有声书也是一个好选择。鹿露经常在地铁上听一些商业大佬的播客，这很好地培养了她的财富思维。

如果通勤时间较短，闭目养神或思考也是不错的选择。通勤时间长时，则可以制定一个书单，规划阅读时间。当然，我们也可以进行适当的娱乐进行生活解压。

2.长途交通

长途旅行，如乘坐飞机或火车也能为我们提供完美的阅读机会，提前准备好那些平时没时间看的书，在乘坐长途交通工具时可以让我们把时间有效利用起来。大家提前准备好纸质书籍，因为长时间阅读电子刊物对视力的影响较大。

3.步行

步行时我们首先需要注意交通安全，所以这一过程中不适合看电子设备。但这段时间是我们规划工作或者自我反思的绝佳时机。比如你可以计划一天剩余工作或下班后的活动，或者回顾前一天的工作成果，思考当天提高工作效率的方法。通过这段时间的有效利用，我们完全可以提高整体的工作效率。

第五步，定位每天的高效率时间段

除了选择合理的起床时间、管理好通勤时间外，有效增强时间管理效果还有一个关键点，这就是准确定位每天的高效率时间段。所谓高效率时间段是指一天中工作效率、学习效率最高的时间段。在这一时间段中，我们的精力能够更加集中，思维更加活跃，做事效率更高。鹿露的高效率时间段是每天上午的9—11点。这段时间内她能够更加高效、高质地完成各项任务。

想要找到这样的时间段，我们首先需要详细记录并分析自己的日常时间分配。建议大家使用一些常见的时间管理软件进行这些时间段的定位，对比一下自己在哪些时间完成的任务最多，效果最好，这就是我们的高效率时间段。

定位了"高效率时间段"后，我们便可以有效调整自己的日程安排，比如把重要且紧急的事和这一时间段匹配，再根据自己的特性和节奏安排其他任务，如此一来每天的时间安排可以更加合理，时间利用率也可以有效提升。

对于"高效率时间段"的有效利用，有以下几点建议。

1.合理评估日常事务的所需时间和个人专注度

在为"高效率时间段"匹配日常事务时千万不要高估自己，我们要客观衡量日常事务所需花费的时间，以及自己专注度保持的时间。这需要我们经过一段时间的自我审视，准确把握"高效率时间段"的时长以及个人专注度的时长。如此才能够确保每一天的"高效率时间段"保持最佳状态。

2.为新事务预留更长时间

当我们遇到一些新事务时,最好预留同类事务2倍以上的应对时间,因为新事务需要我们花费更多精力去认知了解,完成这类任务需要花费的时间也远超常规任务,一旦预留时间不够很容易导致后续日常计划受到影响。因此预留更多时间应对新事务可以确保日常规划更顺畅、更合理。

3.制定阶段性日常时间规划表

通常大多数人制定时间规划以天为单位。事实上,以天为单位制定的时间规划表虽然能够确保一天中主要的时间段得到有效利用,但无法确保较短的碎片时间不被浪费,因此将自己的一天分为多个阶段,然后制定阶段性日常时间规划表可以更有效地管理时间。例如,我们可以把一天分为5个阶段,早晨、上午、中午、下午、晚上,然后制定出合理的时间规划表(见表4-3至表4-7)。

表4-3 时间规划(1)

早晨时间规划		
时间段	活动	备注
6:00~6:10	起床	同时可以听歌或者听播客
6:10~6:40	晨练(瑜伽)	同时可以听歌或者听播客

续表

早晨时间规划

时间段	活动	备注
6:40 ~ 7:00	洗漱	同时可以听歌或者听播客
7:00 ~ 7:30	早餐	
7:30 ~ 8:30	通勤	规划上午的工作安排,进行个人学习提升

表4-4 时间规划(2)

上午时间规划

时间段	活动	备注
8:30 ~ 9:50	工作:处理紧急且重要的事项	优先处理关键任务,确保日程顺利开始
9:50 ~ 10:00	简单休息	进行一些简单身体放松
10:00 ~ 11:00	工作:处理重要事项	
11:00 ~ 11:20	短暂休息,进行头脑风暴或个人学习	
11:20 ~ 12:00	准备午餐	预留时间准备营养午餐,保证健康饮食

表4-5 时间规划（3）

时间段	活动	备注
中午时间规划		
12:00 ~ 12:30	午餐	
12:30 ~ 13:00	散步	帮助消化，放松身心，过程中可以进行上午工作的总结，以及下午工作的规划
13:00 ~ 13:30	午休	
13:30 ~ 14:00	阅读或个人兴趣发展	自我提升

表4-6 时间规划（4）

时间段	活动	备注
下午时间规划		
14:00 ~ 16:00	专注工作：执行计划中的任务	这是一天中较为清醒和专注的时段，适合处理复杂或需深度思考的工作
16:00 ~ 16:30	短暂休息并调整后续工作规划	短时间的休息有助于恢复精力，保持头脑清醒。对当日工作完成情况进行整理总结，进行收尾工作的安排
16:30 ~ 17:30	专注工作：执行计划中的任务	

表4-7 时间规划（5）

晚上时间规划		
时间段	活动	备注
18:00 ~ 19:00	通勤	通过听书、观看视频等方式进行个人学习提升
19:0 ~ 19:30	晚餐	营养均衡的晚餐，为身体提供必要的能量和营养
19:30 ~ 21:00	家庭时间或个人休闲活动	可以进行各种生活娱乐事项，如遛狗、逛街、刷视频等
21:00 ~ 21:30	阅读时间	个人提升或休息
21:30 ~ 22:00	总结时间	总结一天的成果，并进行简单的明日规划
21:30 ~ 22:00	放松活动及洗漱	瑜伽、冥想等
22:00 ~ 6:00		睡眠

通过这些时间规划表可以看到，其实只要我们合理安排时间，每天我们都可以在劳逸结合前提下完成大量事务，且拥有充足的放松和自我提升时间。只要我们严格遵守自己的时间规划，重视日常的每一分钟，时间产生的价值将远超我们的想象。

4.3 战胜拖延症的四步法

除了不懂得发挥碎片时间的价值外,拖延症绝对是影响我们时间管理的另外一大因素。2022年12月23日中国发展研究基金会发布的《国民健康生活方式洞察及干预研究报告》就明确指出,"难坚持"及"拖延症"已经成为影响我国人民健康生活的主要原因。而2023年12月初,搜狐创始人张朝阳也在西安交大开讲物理课上讲道:"长期被动刷手机人就废了,要学会主动利用时间。"以上观点告诉我们,拖延症是当代人积极面对生活时必须解决的一大难题。很多人心中拥有远大的目标,但在对实现目标的行动总会一拖再拖。拖延症就像一个逐渐扩大的黑洞,如果不及时叫停,必然会把整个生活都拖进低效率的深渊。

与大家分享一个战胜拖延症的四步法,希望这一方法可以帮助大家及时行动起来,早日实现财富梦想。

第一步,优化环境以提高效率

你有没有这样的经历:上班时感觉自身能力不足,很多工作无法顺利完成,于是告诉自己下班后要主动提升自己,学习相关知识技能。结果下班回家后看到舒服的床，马上产生想躺上去休息的冲动；本来告诉自己休息5分钟就起床学习，结果不知不觉刷了一小时的短视频；于是干脆放弃了当晚的计划，直接躺平告诉自己学习计划明天再开始。

这就是拖延症产生的一系列的恶果。的确，辛劳一天之后我们的确需要进行简单的休息，但有些人总会因为几分钟的拖延导致整个计划被推翻。想要战胜拖延症，我们首先需要意识到滋生拖延症的主要因素，其中，环境是一大重点影响因素。

行为经济学有一种理论，这种理论强调环境对个体决策产生着极大的影响作用。例如，家中舒适的环境往往让人放松警惕，减缓思维速度，导致拖延。现实生活中，最常见的就是舒适的床和自媒体上的短视频，这些环境因素堪称降低生活、工作、学习效率的杀手。所以，如果我们想要战胜拖延症，首先要为自己创造一个有利于学习、工作的环境，减少工作、生活、学习过程中产生的干扰和诱惑。例如，关闭不必要的网页，断开网络连接，将手机设置为静音模式，甚至使用不同的设备或账户进行工作和娱乐活动。通过这些措施，可以在心理和物理上划分工作和休闲区域，促使自己进入更专注的工作状态。

第二步，通过良性互动激发动力

创造改善拖延症的良好环境不仅仅体现在物理环境上，人际关系也需要进行适当的调整。行为经济学理论中也明确指出个人行为也会受到周围人的影响。在人际互动中，经常与行动力强的人相处，可以激发个人的积极性和进取心。这种社会互动的影响力可以用来克服拖延和提高效率。相反，如果经常与消极或懒散的人为伍，这种环境可能会潜移默化地影响个人的态度和行为，促使其逐渐接受放松和懒散为常态。因此，选择积极且具有高行动力的社交圈，对于提高个人效率和克服拖延至关重要。这种正向的社交环境能够不断激发个人的斗志和动力，推动个体在生活和工作中取得更好的成就。

建议大家多靠近一些身边有着积极向上生活习惯的人，多与这些人交往能够有效改善自己的交际环境，同时改变自己的时间管理习惯与观念。

第三步，目标分解与优先级设定

面对庞大且复杂的目标时，我们常常感到因为目标过于遥远而缺乏动力。克服这一障碍，关键在于将大目标分解为更小、更易管理、实现的子目标。这种分解策略有助于降低心理障碍，使任务显得更加可行。

首先,我们需要对最终目标进行逆向思考,从完成状态倒推,明确为达成该目标所需完成的各个阶段或子目标。通过这种方式,大目标被拆解为一系列小目标,使人能够一步步实现,逐渐逼近最终目标,同时在过程中不断获得成就感,增强动力。

其次,对这些子目标进行优先级分类。根据急迫性和重要性,子目标可以被分为四类:重要且紧急、重要但不紧急、不重要但紧急、既不紧急也不重要。在个人的高效时间段,比如精力最集中的时候,应优先处理那些重要且紧急的任务。这种优先级设置方法不仅适用于子目标的完成,也适用于日常工作和生活中的各项任务。

为了方便大家进行目标分解与优先级设定,鹿露设计了一个简单实用的表格分享给大家(见表4-8)。

表4-8 目标分解与优先级设定

目标分解与优先级设定					
目标类别	子目标	完成状态	截止日期	优先级	备注
重要且紧急	如完成项目报告初稿	未完成	2024-01-15	高	完成项目报告是当前阶段的关键任务,需优先处理
重要但不紧急	学习新的市场分析技能	进行中	2024-02-01	中	对长期职业发展重要,但不需立即完成

续表

目标分解与优先级设定

目标类别	子目标	完成状态	截止日期	优先级	备注
不重要但紧急	回复客户邮件	未完成	2024-01-10	中低	虽然紧急，但对长期目标的影响较小
既不紧急也不重要	更新个人社交媒体	未完成	2024-01-20	低	与主要目标关联较小，可在有余力时处理

通过这样的方法，我们可以更有条理地管理时间和精力，避免将宝贵的资源浪费在次要或不紧急的任务上，从而提高工作效率。

第四步，明确目标并设定合理的截止日期

在经济学中，目标设定和时间管理被视为高效达成目标的关键要素。明确的目标和截止日期对确保任务按时完成至关重要。在开始行动之前，不仅需要清晰的目标，还必须设定明确的时间限制。

以毕业论文为例，毕业前学校通常会明确论文选题，并设定最终提交的截止日期。鹿露在大学毕业时就没有合理安排自己的论文编辑时间。这并不是因为鹿露个人进行了无故的拖延，而是因为她的目标不明确，导致她在起步阶段浪费了大量时间。当时她把论文任务分成了查阅文献、梳理大纲、数据分析、初稿编辑、二稿优

化，三稿完成多个任务。但在查阅文献阶段她的目标并不明确，为了提高她的论文质量，鹿露不断增加自己的文献查阅数量，这导致后续任务一直无法开展。直到她的导师提醒：论文的优劣需要文字体现出来才能评定，你完全可以一边编辑论文一边查阅文献弥补不足。这时鹿露才意识到问题所在。不过鹿露已经在这一阶段浪费了较多时间，这导致鹿露后续任务完成都处于时间紧张状态。

从经济学角度分析，拖延并非完全体现为懒散，也可能是对完美的过度追求。在实际行动中，"完成"比"完美"更为关键。任务完成后才能对成果进行调整和优化。拖延只会逐渐消耗动力，增加任务的完成难度，甚至导致任务无法完成。因此，当我们为一件事、一项任务进行子目标分解后，一定要为每一个目标设定合理的截止日期，如此可以增加我们的行动力。即使环境和条件不完美，至少我们可以保证基础的成果。

在经济学中，这种方法可以被视为一种"时间投资策略"，它强调利用好现有资源（如时间和信息），及时行动以实现最佳结果。这种策略帮助我们在面对复杂任务时，通过分阶段的目标和时间管理，实现更高效的成果。

4.4 每日任务清单：怎么写更高效？

时代发展、科技进步，生活便捷性的不断提高都促使现代生活节奏不断加快。但就是在如此便捷的时代中，我们依然常常感到时间紧迫、任务繁重，生活极其疲惫。这恰恰是因为很多人不懂得时间管理。这种状态会导致我们的生活长期被动，缺少条理性，最常见的体现就是被各种琐碎事情牵着鼻子走，生活杂乱无章，做事效率低下。

想要改善这种生活状态，想要提高时间管理效率、利用效率，制定"每日任务清单"不失为一种有效方法。为了帮助大家把生活变得更加高效、自律、可控，结合鹿露的时间管理经验，为大家总结了4种有效提高大家生活效率的每日任务清单制作方法。

1.制定"一件大事日程表"

"一件大事日程表"源于艾维·利时间管理法，而关于艾维·利时间管理法还有一个著名的故事。

被誉为效率专家的艾维·利曾与伯利恒钢铁公司的总裁查理斯·施瓦布进行了一次重要会谈。过程中施瓦布对自己公司的生产效率表示不满，并向艾维·利寻求改进方法。艾维·利在这时分享了自己的时间管理方法，他对施瓦布说道：你在一张纸上列出6个明天需要完成的任务，并按照任务的重要性依次完成就好。施瓦布带有怀疑地表示，如果自己没办法完成全部任务怎么办？艾维·利则回答，无论你完成了几件事，哪怕只完成了一件事都可以，因为您的时间都用在当前最重要的事上面了。

使用这种方法后，施瓦布发现自己的工作效率显著提高。他对这种方法的效果感到惊讶，并决定将其推广到整个公司。这种方法很快就被证明是非常有效的，大大提高了公司的整体生产效率。施瓦布深信，这种方法的成功在于其简单性和对优先事项的清晰界定。

一年后，施瓦布向艾维·利支付了一笔2.5万美元的费用，以表达他对这个建议的价值的认可。同时他还附上了一封信，信中表示这是自己一生中最有价值的一堂课。

或许你会认为这种时间管理方法太过简单，但事实证明这一方法能够有效提高生活、工作、学习效率。下面，就把这一时间管理方法演化的"一件大事日程表"（见表4-9）及使用方法分享给大家，相信通过这一任务清单，我们的生活效率能够得到明显的提高。

表4-9　一件大事日程表

一件大事日程表

序号	一件大事	备注	完成情况
1			
序号	备选任务	排序	完成情况
1			
2			
3			
4			
5			
6			

使用方法：

（1）每天睡觉前把第二天需要完成的任务详细列在"备选任务"一栏中。

（2）对第二天需要完成的任务进行重要性排序。

（3）将最重要的任务放入"一件大事"任务栏中。

（4）第二天开始工作/学习时，将全部精力投入"一件大事"任务中，在"一件大事"完成前，"备选任务"都可以暂时搁置。

（5）"一件大事"完成后，重新在"备选任务"中挑选最重要的任务，继续全身心投入地将其完成。

（6）我们需要具备一种心态，只要能够完成一次"一件大事"，就可以为自己的当天的工作、学习、生活状态打满分，无须因为其他任务没有完成产生焦虑，因为我们已经让大部分时间和精力产生了最大价值。

这种每日任务清单尤其适合学习任务、工作任务繁重的学生或职场人，通过每日任务清单的制定，我们可以时刻抓住学习、工作的重心，减少因琐事造成的时间浪费。

2.制定优先级日程表

优先级日程表（见表4-10）是一种对每日任务按照优先级顺序进行分类完成的每日任务清单。这一任务清单能够帮助我们对烦琐的日常任务进行合理的时间分配。对每天需要完成多项工作任务、多项学习任务的朋友而言，这种每日任务清单更为适用。

表4-10 优先级任务清单

优先级	任务	截止日期	完成情况
高			

续表

优先级任务清单

优先级	任务	截止日期	完成情况
中			
低			

使用方法：

（1）睡觉前将第二天需要完成的工作任务、学习任务进行罗列，然后根据重要性进行排序，填入优先级"高""中""低"的任务栏中，并合理设置每项任务的截止时间。

（2）第二天开始工作或学习后，严格按照表格任务顺序，抓紧时间完成优先级更高的任务，在完成高优先级任务之前，不要为其他任务花费时间。

（3）关注每项任务的截止时间，努力提高工作、学习效率，确保每项任务在截止时间前完成。

3.制定"左右时间表"

对时间管理能力不足，尤其无法有效掌控日常碎片时间的人而言，在制定每日任务清单时使用"左右时间表"（见表4-11）效果更佳。因为这种任务清单不仅能够有效提醒我们按时完成每日任务，还能够明确每日的时间花费情况，进而有针对性地增强时间管理效果。

表4-11 左右时间表

序号	任务	计划时间段	实际执行时间段	备注
1				
2				
3				
4				
5				
6				
7				
8				
9				
10				

使用方法：

（1）睡前将第二日需要完成的任务按照时间顺序填写到左右时间表当中，并设定计划完成时间。

（2）第二日在任务完成过程中，每完成一个任务就进行实际执行时间段的记录。最好每隔一小时设置一次闹铃,用来提醒自己记录任务完成情况。

(3)记录完一整日的任务完成情况,进行当日复盘,对比每项任务的计划时间和实际执行时间的差异。一段时间(一般在一周时间)后,我们便可以清楚了解每天时间的花费情况以及完成各种日常任务所需的合理时间。这有助于我们进行有针对性的时间管理,以及各种碎片时间的发掘与利用。

4.四宫格每日任务清单

四宫格每日任务清单是一种将日常任务按照属性进行四种分类,并明确详细完成情况的任务清单。这一清单分为四个大类,分别是事务类任务、信息类任务、人员类任务、其他任务。这一任务清单主要适用于现代职场人士,可以帮助我们将复杂、繁多的任务进行清晰分类,并合理安排时间(见表4-12)。

表4-12 四宫格每日任务清单

四宫格每日任务清单			
事务类任务:需要完成的主要工作		信息类任务:需要回复、传递、发送的主要信息(电话、邮件、文件)	
任务	完成时间段	任务	完成时间段

续表

四宫格每日任务清单			
事务类任务：需要完成的主要工作		信息类任务：需要回复、传递、发送的主要信息（电话、邮件、文件）	
任务	完成时间段	任务	完成时间段
人员类任务：需要当天沟通过的人员，开设的会议		其他任务：其他日常琐事	
任务	完成时间段	任务	完成时间段

使用方法：

（1）睡前对每日需要完成的任务按照分类并填写到对应的任务栏当中。

（2）为每项任务设定合理的完成时间段。

（3）复盘各项任务的完成情况，并总结对比出每天的主要时间花费在哪一方面。

（4）根据时间分配情况优化任务安排，提高时间利用率。

以上四种每日任务清单制定方法可以满足大多数学生、职场人员的生活、工作、学习所需，我们可以根据自己的实际情况选择适合的方法。这一过程中我们需要明白一个关键道理，不同类型的每日任务清单本身没有好坏之分，关键在于是否适合自己。找到适合自己的每日任务清单制定方法，并长期坚持，我们就可以清楚感受到时间管理效果的增强，以及生活品质、财富状况的改变。

第五章

如何找到赚钱的副业

5.1 副业是开启人生的第二曲线

鹿露现在过上了有房有车的日子,这一切也只是"有心栽花花不开,无心插柳柳成荫"。想当年,她初入职场,在遇到德国老板达西之前,工作毫无进展,工资也只是勉强糊口。当时,鹿露甚是苦恼,她花钱本就有些大手大脚,进了外企还需要维护自己"白领丽人"的身份,衣食住行样样都不能节省,所以是个地地道道的月光族。

鹿露总会回想自己大学时期的惬意生活,一边拿着家里的生活费,一边做着兼职,生活充实,小日子可谓十分滋润,"中大富婆"的外号名副其实。现在进入职场之后鹿露才发现,理想有多么丰满,现实就有多么骨感。思来想去,鹿露觉得,还是得重操旧业,下班时间找份副业增加点收入。

从事副业的首要目标是增加收入。要想每个月多增加3000元的工资,对很多打工人而言难度极高。因为这不单纯是劳动付出的问题,更涉及个人规划、老板格局等多方面因素。鹿露的职场经历可以称得上幸运,毕竟她凭借自己的努力和运气抓住了每一次升职加薪的机会,但直到最后她依然没有在职场中得到满意的回报。好在鹿露活得清醒,及时展开了自己的副业,凭借多劳多得的坚持,让自己的收入达到了理想状态。

其实，副业的目的虽然是增加收入，但其真正的意义却是开启人生的第二曲线。何为人生的第二曲线？英国管理哲学大师查尔斯·汉迪在《第二曲线》中作过这样的解释："任何一条增长的S曲线，都会划过抛物线的顶点，持续增长的秘密是在第一条曲线消失之前，开始一条新的S曲线，此时，资源和动力都足以使新的曲线度过起初的探索挣扎的过程。"

从我们入职获取人生第一份收入开始，人生的第一曲线便随之出现。年轻时，随着我们工作经验增加、工作能力增长，这一曲线大多处于上升状态。但35岁可以视为职场人的分水岭，因为在这一年龄段，职场大多遭遇天花板，同时我们的身体素质开始下降，无法再承受较大的工作强度，所以很多职场人到35岁时收入开始出现转折点，或停滞不前，或开始下降，能够在35岁还保持增长状态的打工人可谓凤毛麟角，如图5-1所示。

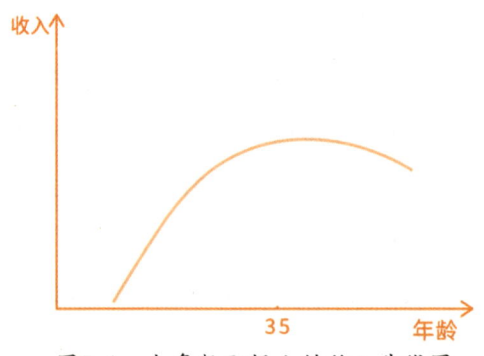

图5-1　大多数职场人的收入曲线图

更重要的是，随着我们年龄的增长，家庭支出在不断增加。比如，35岁时很多家庭子女完成了义务教育，教育支出开始增长。父母逐渐步入老年，养老支出开始增加，如图5-2所示。

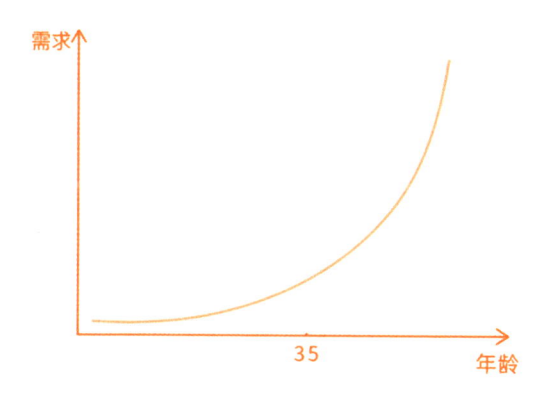

图5-2　大多数职场人的支出曲线图

所以很多人会发现，35岁之后自己的收入已经无法满足支出需求，这就是"中年危机"的起点。所以，及时从事副业是大多数职场人开启人生的第二曲线，解决中年危机的一个选择，如图5-3所示。

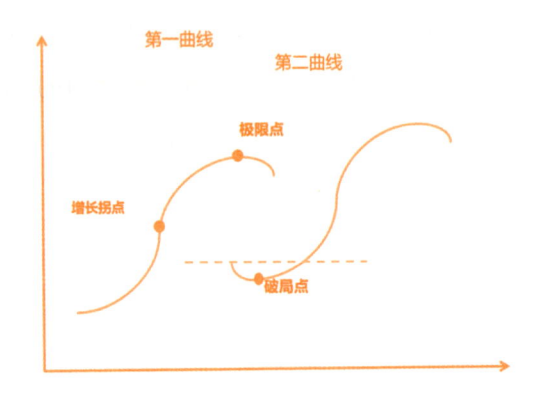

图5-3 职场人的人生第二曲线

其实，当代大多数职场人是在意识到中年危机，并在中年危机逼迫下才开始从事副业的。而且其中很多人从事副业只是单纯为了增加收入，依然没有意识到副业的意义与价值。这就导致他们在副业选择上过于盲目，出现各种问题。

开启人生的第二曲线是一个需要慎重考虑的问题，因为这关乎我们的生活品质与未来发展。

我们所处圈层的整体水平很大程度决定了自己的个人上限。在同一个圈层内，大家从事相同性质的工作，能够达到上限的人必然是头脑、能力、天赋和执行力都出类拔萃的人。任何一方面的差距都可能导致我们无法超越他们。所以想要突破个人上限恰恰需要我们具备破圈的思维、勇于探索和创新的勇气。这种选择对大多数而言是一种挑战，需要付出大量时间与心血，但付出往往与回报成正比。

鹿露初入外企SK时，应届毕业生月薪大约在4000元，硕士毕业生月薪在5000元左右。当鹿露看到同行业的朋友已经有人月薪过万元时，不禁露出羡慕的眼神，赶紧虚心地求教，得到的建议就是考研、考证、换平台。这让鹿露也曾陷入过误区，认为自己想要提高收入只能靠这种方法。相信这也是大多数年轻职场人的职业发展观点。

可后来，鹿露开始兼职做英语翻译，发现只要自己够勤快，业余时间多接点订单，每个月收入能从两三千元直接增长至两三万元，而且兼职行业里握有资源的公司老板，年收入可达数百万元，这直接打破了鹿露的职场发展认知，开始产生了开启人生的第二曲线的想法。

再到后来，她接触了自媒体圈子，开始接触全新财富知识，比如流量、用户增长、互联网运营、社群等概念。而在这一领域内，年入百万元属于正常现象，更有强者可以轻松过亿元。这极大拓宽了鹿露的财富眼界，让其对人生的第二曲线有了更明确的规划。

随着鹿露副业的顺利发展，她也看到了一些走入副业误区的年轻人。比如有些人通过副业获得不菲收入后，马上开始买车、买包，没有任何长远规划，这导致很多人陷入了赚钱快，花钱更快的状态。这些人看似生活品质提升了，实则没有降低第一曲线下降的风险，很容易在副业收入开始下降时再次遇到危机。

而鹿露则不同，她睿智地选择了长远规划。她开始专注于投资，并逐步接触到投资圈，这让她更加明白各种商业模式和理财投资的底层逻辑，明白如何以长远的眼光，以更稳妥的方式，让"钱不断生钱"。

可以说，鹿露的每一次破圈都换来了个人财富的翻番增长。在这一过程中，她积累了重要的人脉资源，扩展了眼界，提升了认知，具备了更加丰富且高端的财富思维，也让其具备了更强大的造富能力，这是局限在原来圈层，无论如何努力都无法实现的转变。

5.2 副业规划法：定位最适合你的副业

如果我们想要提升自己人生发展的稳定性与安全性，及时规划自己的副业，不失为一种明智的选择。很多人也在利用一些业余时间增加自己的生活收入，但长远地规划副业是一种系统性思维，这需要我们及时明确，"我到底该选择什么样的副业？"

鹿露结合自身经验，为大家总结了一套"副业规划法"，这套规划法总体分为四步，相信大家可以从中得到一些帮助。

1.识别个人优势

所谓识别个人优势其实是副业价值的初步定位，这也是对个人能力的一次全面审视，确保副业选择不仅与个人技能和经验相契合。从自己擅长，或者经验丰富的领域出发，副业发展能够更加稳妥、长远。个人优势主要可以从四个方面进行思考。

（1）经验。经验主要是指我们在特定活动或职责中积累的实践知识。这可能包括从日常生活中的简单任务（如烹饪或打扫卫生）到专业领域（如销售策略、育儿技巧或电子商务运营）的各种经历。成功的经验不仅仅是完成任务，还是在过程中获得的洞察力和效率的提高，这些经验反映了我们在特定领域的专长和成就。

（2）技能。技能主要是指我们通过学习和实践获得的专业知识和能力，且这些知识和能力不是随随便便就可以轻松掌握的。比如驾驶、演奏乐器、舞蹈、绘画、翻译、写作、教学、音频编辑和图形设计等,都需要特定的技术知识和实践经验。技能与经验的主要区别在于,技能往往以理论知识为基础,并通过实践转化为专业能力。

(3)爱好。爱好反映了个人的兴趣和偏好,它不需要直接关联到专业技能或成就。爱好可以分为有潜力转化为专长的活动和纯粹的个人兴趣。将爱好定位副业方向有一个独特的好处是能够使开展副业的动力更加强劲,且能够在开展副业的同时感受到乐趣。

(4)资源。资源涵盖了可用于个人或职业发展的所有资产,包括人力资源、物力资产、客户基础、社交网络、粉丝群体和时间。在这些资源中,时间尤为关键,充足的时间意味着有足够的精力投入重要的事务。很多时候,人们无法持续投入某项活动,除了因为抱着急于求成的心态,还可能是因为缺乏有效的时间管理和精力分配。

下面与大家分享一个"副业方向梳理表"(见表5-1),大家可以通过梳理自己的实际情况,明白副业的初步定位。

表5-1 副业方向梳理(1)

优先级从高到低排序	经验	技能	爱好	资源	市场需求	盈利潜力	提升需求	启动成本(从低到高)
高 ↓ 低								

表格说明:

（1）经验。在该领域内的实践经验水平。

（2）技能。所需的专业技能水平。

（3）爱好。与个人兴趣的契合度。

（4）资源。可用于该副业的资源，如人脉、资金等。

（5）市场需求。当前市场对该副业方向的需求水平。

（6）盈利潜力。从该副业方向中获得收益的可能性。

（7）提升需求（主要针对技能方面）。为成功开展该副业所需的额外学习或技能提升。

（8）启动成本。开始该副业所需的初期投入。

注：市场需求和盈利潜力不仅要观察市场整体情况，同时也要根据自身实际情况而定。比如某一行业市场需求大，盈利潜力大，但自己缺乏对这一行业的了解，也不具备专业技能、相关资源，所以这类行业需求其实对自己而言并不大，盈利潜力也比较低。

2.副业选择梳理

确定了副业选择方向之后，下面我们就可以对自己的情况进行全面梳理，这包括职场、生活、性格、兴趣、家庭等方方面面。我们需要按照熟练度、经验值、可支配度从高到低进行排序，以此梳理出最适合自己的副业方向（见表5-2）。

以鹿露为例，初入职场的鹿露就根据自己当时的情况，梳理出表5-2。

表5-2 副业方向梳理（2）

优先级从高到低排序	经验	技能	爱好	资源	市场需求	盈利潜力	提升需求	启动成本（从低到高）
高 ↓ 低	1年外企行政经验	英语八级	喜欢研究投资理财、坚持多年记账	（时间）工作双休、极少加班	英语技能	英语技能	理财技能	英语技能
	有4年的英语翻译、英语写作、英语家教、展会翻译的经验（大学兼职）	中文写作，读书时曾获奖	喜欢时尚穿搭	闺蜜A家里开服装厂，可以拿到一手货源	写作技能	写作技能	写作技能	写作技能
	受某记账平台的邀请，做过1次线下分享，3次线上分享	大学辅修日语，只懂简单日常对话	喜欢看英语电影	工作中积累各种供应商人脉，包括领事馆、公证处、机票代理、酒店等	服装	机票代理、酒店等代办	英语技能	

鹿露通过这一表格的清晰梳理，很快明确了自己副业的首选方向，之后便可以展开副业的相关规划。

3.副业可行性分析

通过个人优势与副业可行性的梳理，我们可以明确适合自己的副业优先选项。在方向明确之后，下一步需要做的就是对副业进行可行性分析。在这里，再给大家分享一个副业可行性分析表（如表5-3所示）。

表5-3 副业可行性分析

副业可行性分析			
类别	描述	副业行动计划	可行性评估 1~5分

在表5-3中，我们可以对副业的可行性进行理性分析。表的使用方法为：首先，在类别中填写副业选择的个人优势"类别"。注意，这里的"类别"并非指单一类别，也可以是多个类别的集合。即这是我们对个人优势的全面分析。比如鹿露首选副业是英语兼

续表

职，这一"类别"就是"技能+经验"，因为鹿露不仅有英语专业八级的技能，且有4年以上的英语翻译、英语写作、英语家教、展会翻译经验。随后，我们可以在"描述"这一栏中，把副业优势详细描述出来。之后，我们便可以在"副业行动计划"一栏中明确自己从事这一副业的具体想法、主要选择，最后根据自身实际情况，对这种副业选择进行可行性的客观评分。

以下是鹿露对自己副业可行性的具体分析，如表5-4所示。

表5-4 鹿露的副业可行性分析

副业可行性分析

类别	描述	副业行动计划	可行性评估从1~5分
经验+技能	有4年的英语翻译、英语写作、英语家教、展会翻译的经验	寻找英语翻译、英语写作、英语家教、展会翻译的兼职	5
	英语专业八级		
资源	闺蜜A家里开服装厂，可以拿到一手货源	摆地摊、朋友圈售卖服装赚差价	3
	工作中积累各种供应商人脉，包括领事馆、公证处、机票代理、酒店等	开一个网店提供签证服务、代订酒店的服务	4

续表

类别	描述	副业行动计划	可行性评估从1~5分
经验+技能+爱好+资源	受某记账平台的邀请，做过1次线下分享，3次线上分享	做一个理财自媒体	2
	喜欢研究投资理财、坚持多年记账		
	中文写作，读书时曾获奖。		
	在某记账社区上分享自己的心得，目前有2000多粉丝，认识社区管理层		

4.确定副业计划

当我们明确了各个副业选择的可行性之后，便可以通过评分顺序，选择最优的副业制订行动计划。值得注意的是，这些计划的制订与执行并非单一的，只要条件允许，我们就可以制订并执行其中的一个或者多个计划，相信在可行性较高的副业计划中，都能够得到丰厚回报。

比如，在鹿露开启副业生活的几年中，她先后实践了计划表里所有的计划。第一份副业是英语翻译、写作、展会、家教等兼职，这些兼职不仅为其带来了可观的收入，还让其与一家翻译公司达成了长期合作，后来又与这家公司的一位股东一起创业，成为公司合伙人。也是这个副业帮助她积累了人生第一桶金，贷款买下了第一套房子。

在英语副业开展的同时，鹿露也尝试开了一家网店，主要是提供签证、代订机票、酒店等服务，虽然订单数量有限，但也是一份额外收入。

当然，鹿露也没有浪费自己在珠宝、服装方面的资源优势，先后开了珠宝、服装网店，但发展一般。衡量利弊后，鹿露还是决定把主要精力放在翻译事业上，毕竟在这一领域内同等时间的回报更加丰厚。

其实，在鹿露的副业可行性分析表中还有一个选择，这就是理财自媒体。不过当时这一副业的可行性评分较低，她的理财技能、理财知识、理财经验都不突出，且当时自媒体行业发展形势并不明朗，所以鹿露把这一副业计划延后，不过后来这一副业让鹿露的个人发展规划发生了巨大转变。

5.3 10个普通人的副业案例

案例1 HR专家的副业转型：简历优化与面试辅导

同事A，拥有丰富的人力资源管理经验，平日里承担企业的招聘、员工发展等关键职能。识别到个人能力与市场需求的匹配点，她开启了副业之旅，那就是提供简历修改和面试指导服务。基于对职位要求和招聘流程的深入理解，A专注于提升求职者的简历表现力，使之更加符合招聘方的期望。

她的简历服务是按份收费，重点在于结构优化、内容精练及关键词的巧妙运用，旨在提高求职者通过筛选的概率。面试辅导则按小时计费，通过模拟面试环节，强化应聘者的自我介绍、问题应对技巧及沟通能力，显著提高了面试成功率。

此外，A还与教育机构合作，开设求职技巧讲座和课程，分享市场趋势、职业规划等内容，进一步扩大了服务范围。这一副业不仅为她带来了额外的收入，也实现了个人技能的社会价值转化，为求职者打开了通往理想职业的大门。

案例2 从爱好到专业：同事B的化妆师副业之旅

同事B的副业经历始于个人兴趣。最初，她仅出于个人爱好报名参加了化妆课程，希望能掌握更多样化的妆容技巧。然而，在系统学习的过程中，B不仅提升了自己的化妆技能，还逐渐接触了更广泛的行业资源和机会。

通过积极参与课程并与导师及同行建立良好的关系，B有幸跟随她的导师参与了一系列的化妆项目，这些初步的实践经验不仅提升了她的专业技能，也让她对化妆师这一职业有了更深入的了解和认识。随着化妆技能的不断提升和行业资源的积累，B开始尝试在社交媒体上分享自己的化妆作品和心得，逐渐发展成为一名美妆博主。她的内容覆盖了妆容教程、化妆品评测、美妆行业发展趋势解读等多个方面，吸引了一定的粉丝群体。

这一副业不仅让B实现了从个人爱好到专业技能的转变，也为她开启了新的职业道路。通过不断学习、实践和分享，B在美妆领域逐步建立了自己的品牌。

案例3 悬疑爱好者的副业突破：同事C的剧本杀编写之旅

同事C一直对悬疑侦探小说情有独钟，这种爱好促使他开始尝试自己编写剧本杀。最初，这仅仅是出于个人兴趣的探索，他通过自学和实践，逐步掌握了剧本编写的技巧和方法。随着剧本杀市场的爆发性增长，优质的剧本变得极为抢手，C发现了将个人爱好转化为副业的机会。

C的剧本因其严密的逻辑、丰富的情节和引人入胜的悬疑元素，很快就在剧本杀爱好者中获得了一定的知名度。每份剧本的售价在两三千元，由于版权可以授权给多家店铺使用，这为他带来了相对稳定的收入来源。虽然C坦言自己尚未创作出市场上那种单本销售额能达到百万元的爆款剧本，但他已经通过这一副业获得了不菲的收益。

这项副业不仅让C在经济上受益，更重要的是，他得以在喜爱的领域内持续创作和发展，将个人的爱好和专长转化为经济价值。C的经历证明，将个人兴趣与市场需求相结合，可以在副业道路上开辟出新的可能。

案例4 美食旅行爱好者的副业之选：同事D的探店博主之路

同事D，一个地道的吃货兼旅行爱好者，因其对美食和旅游的热爱，在公司内部以策划精彩的出游聚餐活动而闻名。这份热情引领他走上了探店博主的副业道路，通过分享本地的美食、旅游景点和休闲娱乐活动，他逐渐在社交媒体上积累了一定的粉丝。

D的内容以真实的体验、详细的介绍和贴心的出行建议为特色，赢得了许多粉丝的信任和支持。他的副业收入主要来自与商家的合作，包括付费推广和组织团购活动。商家们看重的是D的影响力以及他所带来的潜在客户。

除了为粉丝提供有价值的信息，D还利用自己的专业知识和资源，为商家和消费者之间搭建了一个有效的沟通桥梁。这不仅为他带来了稳定的副业收入，也使他能够在做自己喜欢的事情的同时，为社区的美食文化贡献自己的力量。

通过这项副业，D实现了自己对美食和旅行的热爱与职业生涯的完美结合，展示了如何将个人爱好转化为有社会价值和经济效益的事业。

案例5 美食爱好者的双重身份：同事E的探店之旅

作为一个资深吃货，同事E将自己对美食的热爱转化为一项颇具特色的副业——探店。她以普通消费者的身份，深入各大品牌店铺进行明察暗访，然后根据体验撰写详尽的评估报告。这些报告对商家而言，是提高服务质量的宝贵资料。

E主要关注的领域包括化妆品、餐饮和酒店等，这些都是与她个人兴趣高度相关的行业。在执行任务时，她不仅能够品尝到美味佳肴，还有机会体验各种化妆品和酒店服务。每提交一份符合要求的报告，她就能获得一定的报酬。

通过这份副业，E不仅满足了自己探索新餐馆和新体验的愿望，还能够通过自己的观察和反馈帮助商家改进，同时获得一定的收入。她的经历展示了如何将个人兴趣与市场需求相结合，通过专业和细致的工作为自己赢得了额外的收益和满足感。

案例6 鹿露的投资视角：黄金珠宝与二手奢侈品

在鹿露把英语副业做得风生水起的同时，她还在投资领域收获满满。拥有独到商业洞察力的鹿露，不仅投资了自家的黄金珠宝生意，还参与了朋友的二手奢侈品项目。这两项业务都与她对高端市场的深刻理解和兴趣紧密相关，而她的投资策略也反映了对不同市场动态的敏锐观察。

在黄金珠宝领域，鹿露凭借家族背景和行业经验，确保了业务的稳定增长和盈利。这项投资为她带来了稳定的年度分红，成为她重要的收入来源之一。

相比之下，二手奢侈品的业务起初并未达到预期的盈利水平，几年间鹿露并未从中获得分红。然而，随着近年来全民消费观念的转变，二手奢侈品市场迎来了新的生机。消费者开始更加注重性价比，高品质的二手奢侈品因其性价比高而受到欢迎，这使得鹿露投资的二手奢侈品生意开始盈利，她也因此获得了分红。

案例7 社交圈优势转化为副业成功：同事F的珠宝与二手奢侈品生意

鹿露在外企工作时的同事F，虽然现在已经成为一位全职太太，但她并未停止个人发展。凭借其良好的家境和广泛的社交网络，以及金融企业工作的丈夫带来的高净值客户资源，F成功打造了自己的副业——销售珠宝和二手奢侈品。

F的副业模式非常依赖她精准的客户定位。她深谙自己社交圈中的朋友和丈夫客户的需求和偏好，因此能够提供极具吸引力的商品。珠宝和二手奢侈品市场虽竞争激烈，但F凭借其独特的社交优势和对高端市场的深刻理解，成功地找到了自己的市场定位。

通过举办小型展示会、私人洽谈会等形式，F为她的客户提供了专属的购物体验，进一步提升了客户的忠诚度和满意度。这种贴心的服务和高品质的商品选择使得她的生意蓬勃发展，即便是作为副业，也为她带来了可观的收入。

同事F的副业展示了，如何将个人的社交资源和市场洞察力转化为副业成功的关键因素，同时也反映了个人品牌和高质量服务在当今商业环境中的重要性。

案例8 城市摄影师：利用周末时间拍摄城市风光

朋友A，一位普通的办公室职员，对摄影有着浓厚的兴趣。每到周末，他都会带着相机，穿梭在城市的大街小巷，捕捉那些被日常忙碌生活的人们忽略的美丽瞬间。他的作品从繁华的城市夜景到静谧的早晨街头，从热闹的市场到孤独的街角，都有涉足。

随着作品数量的增加，朋友A开始在社交媒体上分享他的摄影作品，并渐渐获得了一定的关注度。他的照片不仅吸引了许多摄影爱好者的眼球，也引起了一些商家和杂志社的兴趣，他们希望能够购买A的照片用于装饰或出版。

见到自己的爱好可以转化为收入来源，朋友A决定将这份爱好发展成副业。他开始接受定制拍摄的任务，为客户提供专业的城市风光摄影服务。此外，他还参与了一些在线摄影比赛，并成功出售了几幅作品给摄影爱好者和收藏家。

通过将个人爱好与市场需求相结合，朋友A的副业不仅为他带来了额外的收入，更重要的是，他通过摄影发现了城市的另一面，同时也为他的生活带来了更多的乐趣。

案例9 家庭烘焙师：通过网络平台售卖手工甜点

朋友B是一位全职妈妈，她对烘焙有着特别的热爱。在家照顾孩子的同时，她利用空闲时间研究和制作各种手工甜点，如精致的马卡龙、香甜的蛋糕和个性化的饼干。起初，她只是为家人和朋友制作这些甜点，但受到大家的一致好评和鼓励后，她开始考虑将这份爱好发展成为一项副业。

朋友B在一些社交媒体和本地社区网络平台上开设了自己的烘焙小店，开始接受外部订单。她通过精美的包装和个性化的定制服务，在当地小范围内积累了一定的口碑。为了保证甜点的新鲜度和质量，她坚持只接受预订制作，这样每份甜点都倾注了她的心血和创意。

随着客户群的逐渐扩大，朋友B的手工甜点不仅受到了家庭聚会的欢迎，也开始被一些小型企业活动和学校活动采用。通过不断学习新的烘焙技巧和尝试新的食谱，B保持了她产品的多样性和创新性，进一步巩固了她在本地市场的地位。

这项副业不仅使朋友B能够在家照顾孩子的同时获得收入，更重要的是，她通过这个平台分享了自己对烘焙的热爱，收入增加也改善了她的家庭生活品质。

案例10 周末户外教练：分享运动技能，组织户外活动

朋友C是一位IT工程师，但他的真正热情在户外运动，尤其是登山和徒步。多年的户外活动经验不仅让他积累了丰富的知识，也让他掌握了相关的安全技能和生存技巧。朋友C决定将这份热爱转化为周末的副业——成为一名户外活动教练。

每到周末，朋友C都会组织小型的户外徒步或登山活动，面向那些希望亲近自然但缺乏经验的城市居民。他不仅提供基础的运动训练和户外知识教学，还在活动中分享自己的经验和技巧，帮助参与者更好地了解户外运动的魅力和注意事项。

为了提升活动的专业性和安全性，朋友C还专门参加了相关的培训课程，获得了认证的户外教练资格。这一资格不仅增加了活动的吸引力，也为参与者提供了更多的信心和保障。

通过社交媒体和口碑传播，朋友C的户外活动逐渐受到了更多人的欢迎和认可。这项副业不仅为他带来了额外的收入，更重要的是，朋友C通过这种方式与志同道合的人分享了他对户外运动的热爱，同时也促进了大家对健康生活方式的认识和追求。

5.4 你的人脉能变现：利用人脉找副业

想来大家都知道人脉的重要性，毕竟"多个朋友多条路"的道理大家都懂。不过大多数人并没有认识到人脉的真正价值，只将其视为简单的社交关系。

在好莱坞中流行这样一句话：一个人能否成功，不在于你知道什么，而是在于你认识谁。美国钢铁大王卡耐基经过长期研究也得出一个结论："专业知识在一个人的成功中的作用只占15%，而其余的85%则取决于人际关系。"

可见，人脉的价值对一个人的事业、命运影响是至关重要的，很多时候人脉的作用都超乎想象。因为人脉根植于我们成长过程中的每一步，它在各个层面都扮演着举足轻重的角色。

"人脉即财富"这一观点并非主观形容。人脉的价值衡量涉及的经济学和心理学理论是多方面的，理解这些理论不仅有助于我们更有效地运用人脉，还能在更广泛的层面上提高我们的职业和社交能力。

首先，人脉的财富价值涉及了社会资本理论。这一理论认为，个人的社交网络中蕴含的资源可以视为一种资本，这些资源包括信息、机会、推荐等。利用这些社交资源可以降低我们进入职场的难度，提高成功的可能性。社会资本理论强调，人脉网络的价值并非单纯依赖它的规模，更在于该网络的质量和其中关系的互动性。

其次，人脉的财富价值还涉及互惠互利原则。这是一个社会心理学原则，指的是人们倾向于回报他们所接受的好处。比如，当你在副业中寻求人脉的帮助时，这个原则可以促使对方在将来某个时刻回报你的帮助。这不仅是一种策略，更是建立持久、健康人际关系的基础。

最后，人脉的财富价值还涉及网络效应理论。网络效应是指一个产品或服务的价值随着使用它的人数增加而增加。比如，在开展副业时，当你的人脉网络知晓并支持你的业务时，他们可能会成为你的客户或推荐其他潜在客户，从而增加你副业的市场价值。

那么，此刻我们回想一下，当年我们想要开展副业时，第一想法是从何处开始呢？是不是首先想到的就是那些一起共事过的同事，或者那些行业内的朋友，他们不仅能提供宝贵的意见，甚至可能成为你的第一批客户或合作伙伴。这就是人脉的力量，它为你打开了通往新机会的大门。

在开展副业的过程中，一个良好的人脉网络可以帮助我们更快地理解市场动态，找到合作伙伴，甚至是投资者。它像是一张无形的网，每一个节点都可能成为推动你向前的力量。无论是通过口碑推荐，还是通过专业建议，人脉在副业的成功中都扮演着不可或缺的角色。

当然，建立和维护庞大的人脉网络并非一朝一夕的事情。它需要时间去培养，需要真诚去维护。每一次的帮助和支持都是在投资未来，当你需要的时候，这些人脉资源就会成为你最坚实的后盾。

了解了人脉的价值之后，我们就需要思考在开展副业时如何进行人脉变现。这听起来似乎有些利用他人的意味，但实际上，这是一种双赢的策略，既能为你的副业带来推动力，也能为自己的人脉关系产生利益关联。当然，我们也需要在对方有需要的时候及时体现自身价值。

变现人脉的关键步骤主要有两个。一是进行人脉分析与梳理，二是基于这些分析结果，与可能提供帮助的人进行有效沟通。

1.人脉分析与梳理

这一步骤的目的是识别出你人脉网络中的关键人物。这不仅是列出所有你认识的人，更重要的是理解他们可能为你的副业带来什么样的价值。这包括他们的专业背景、资源、影响力或者是他们能提供的特定帮助。这个过程需要细致和系统。你可以通过制作人脉分析表格来帮助自己更清晰地看到每个人的位置和价值。

例如，鹿露在发展副业前期也没有太多头绪，于是鹿露想，虽然自己没有太多资源，说不定朋友会有呢。当然，她没有直接在朋友圈求职，而是通过人脉分析表进行了人脉梳理，列出了所有可能提供英语兼职资源的人脉（见表5-5）。

表5-5 鹿露的人脉分析

姓名	角色	职业	地区	行业	亲密程度（高—中—低）	可能提供的资源和机会
李××	同专业学姐	研究生在读	广州	教育	高	家教、翻译等兼职
王××	大学教授	大学教授	广州	教育	中	家教、翻译、厂商等兼职和资源
张××	同班同学	留学顾问	广州	教育	中	留学资料翻译、整理等兼职
何××	合作伙伴	外贸箱包厂老板	广州	外贸	低	展会翻译、随身翻译、资料翻译等
王思思	公司主管	外企主管	广州	医药	中	在机构学英语，可帮忙咨询机构兼职机会

就这样鹿露顺利筛选出了需要求助的好友名单。

2.与潜在帮手沟通

人脉分析完成后，下一步就是与那些可能会帮助到你的人进行沟通。很多人在这一阶段因为面子问题羞于开口，但事实上这并不是什么丢脸的事。换一个角度思考，或许朋友也在寻找相关人才，你恰好能够满足朋友需求，这种资源整合可谓皆大欢喜。而且，人际关系也需要互相帮助维系和加深，这也是人脉开拓维系的有效方法。

鹿露就是凭借人脉顺利开展了自己的副业，而且效果十分显著。她通过人脉分析整理出的相关人员几乎都为她推荐了副业机会。

比如，一位同学是留学顾问，他介绍鹿露去他的公司当兼职，周末帮忙翻译留学生资料。

还有箱包厂何老板，之前就和鹿露有过合作，当时鹿露做的是广交会翻译，何老板十分满意，鹿露毕业时何老板还极力邀请她去自己公司上班。于是那年的广交会，他还是很爽快地邀请了鹿露。鹿露提前和公司请了5天年假参加这次广交会。一天收入500元，5天共计2500元，确实不错。

研究生在读的李学姐长期和一家英语翻译公司合作，得知鹿露的副业需求后，就把鹿露也推荐过去。这份兼职可以居家，虽然单价不高，但多劳多得，鹿露又有了一项长期收入。

通过人脉找兼职，比起其他公共渠道，更加靠谱、安全。因为有熟人推荐，避开了90%的外部竞争，许多工作是十拿九稳，连面试都不需要，另外降低了受骗的风险。所谓自助者人助之。我们不迈出第一步，人脉的价值又如何体现呢？

通过这两个步骤，我们的人脉不再只是社交软件上的一个数字，而是能够真正成为副业成功的重要资产。不过要记住，人脉的真正价值在于双向的交流和共同成长，而不仅仅是一方的利用。

第六章

打造个人品牌：
低投入、高回报的赚钱利器

6.1 误入自媒体

前面提到，鹿露为自己梳理了4个副业方向，其中3个都为她带来了不小的收获。而那个被暂时搁置的"理财自媒体"在机缘巧合下竟然也为鹿露带来了极大改变。

经过数年的耕耘，鹿露成了一家英语翻译公司合伙人。身份改变之后，鹿露的副业劳动强度直线下降，但收入却直线上升。有了更多空余时间，鹿露就开始在记账社区写文章，分享自己的副业发展经验。社区为了感谢她的贡献，偶尔也会回馈鹿露礼物。虽然这并不能带来直接收入，但这属于鹿露的爱好，所以她乐此不疲。

在鹿露习惯性通过互联网分享个人成长的同时，互联网也在发生着天翻地覆的变化。2012年微信推出了公众号，2013年、2014年微信公众号大火，诞生了无数百万级、千万级粉丝的行业大V。那段时期可以称为微信公众号的风口期，通过文章输出能够收获大量粉丝，但鹿露却没有很好地抓住风口。

直到2017年的一天，鹿露和在北京的好友吴雨在微信上闲聊。吴雨在一家公司的营销部工作，是个文学爱好者。吴雨灵光一闪："我们都喜欢写东西，不然一起开个公众号吧！说不定也会有粉丝呢。"

当时她们并不懂什么流量变现，也不是为了挣钱，甚至也不知道自媒体的盈利能力。主要因为看到互联网上有人喜欢自己的作品，能够获得满足感和成就感，所以有了这种冲动。

鹿露在这一方面其实比较随性，她说："那要写很多文章吧，天天发我忙不过来。"吴雨说："我们两个轮流发，你一天我一天，工作量不会很大的。你就当陪我一起写作嘛。"

于是，双方决议通过，并且指派鹿露注册一个公众号。从此命运的齿轮开始转动。刚开始，她们完全不懂公众号运营，也不知道公众号还需要运营。公众号就像她们的日记本，想发什么发什么。鹿露把自己在记账平台的文章搬运了过去，吴雨则发发自己的小散文、小小说。

发完文章，再转发至朋友圈、微信群，跪求各位点赞点关注。粉丝和阅读量少得可怜，干起来真的没意思。更要命的是，两个人连每周两更都保证不了。每到发文的时候，两人就开始互相推脱。就这样，公众号可谓在半死不活的状态下挣扎了半年，而半年后，吴雨因为工作太忙没时间继续撰写文章，选择了退出。

剩下鹿露一人守着一个有500粉丝的、内容杂七杂八的公众号。她陷入了思想斗争："要不停更吧。"但随即鹿露又想"真的要放弃吗？那500个粉丝咋办？好不容易写了半年才攒了500个粉丝。这样是不是太没有责任感了？"

最终，鹿露决定，自己选的路跪着也要走完。公众号至少再坚持更新半年的时间。这段时间，她开始认真对待这件事，不仅学习公众号运营，还报名了一些培训班（当然也被割过韭菜），靠自己边干边学，向行业大V学习经验，她的公众号居然大有起色。

在这一阶段，鹿露总结了3个关键的心得。

（1）提升公众号的领域垂直性，输出内容主要是自己的理财投资副业经验。

（2）规律性更新，坚持一周两更。

（3）及时引流。把记账社区的粉丝引流到自己的公众号，积累了第一波流量。那段时间，社区管理层对她印象不错，给了鹿露不少资源，这些积累的资源绝对不能浪费。

很快，公众号的粉丝突破了10000个，鹿露的自媒体副业开始顺风顺水。就这样，5年的时间里，鹿露顺利成长为一名有50万个粉丝量，在财经领域小有名气的博主，也充分感受到自媒体领域的造富能力。

鹿露的个人品牌带来的回报远超想象，这让她一度认为，自媒体行业就是一个低投入、高回报的赚钱利器。这些年，她接广告、做课程、成立自己的品牌，实现了流量变现。她受邀参加品牌活动，和一些基金、银行、互联网等行业的大公司建立合作，进入了更大的圈层。最重要的是，鹿露发现在这一行业中，可以把自己所有的优势进行整合，并进行价值最大化转换。

6.2 普通人为什么要打造个人品牌

其实，随着互联网时代发展，个人品牌的价值一直在高速增长。时至今日，个人品牌已经超越了传统的版权和商标意义，演变为个人品牌和网络身份的综合体现。可以说，个人品牌是一个人在网络和社会中塑造的独特形象、专业知识、技能以及与之相关的价值观和信念。这种个性化的数字化身份，不仅有助于我们在信息过载的互联网世界中脱颖而出，还能为职业发展、社交网络扩展以及个人影响力的增强提供坚实的基础。

个人品牌的精心打造和管理，可以使个人在专业领域内建立权威，吸引目标受众，从而开启更多的商业机会和职业道路。例如，鹿露就是通过高质量的内容创作、积极的社交媒体互动，有效地传达自己在财经方面的专业知识和独到见解，进而赢得无数粉丝的认可和尊重。

对大多数人而言，打造个人品牌的动机其实就是为了开拓自媒体市场，提高收入水平。而成功的个人品牌能显著提高个人在自媒体行业的可见度和辨识度，从而在激烈的市场竞争中脱颖而出。不过从专业的角度而言，个人品牌的价值绝非如此简单，我们可以从以下几个方面来分析。

首先，个人品牌能够帮助我们在专业领域内确立权威地位，通过分享专业知识、见解和创新思维，树立专家形象，吸引行业关注和尊重。这种专业认可能为职业发展带来无限可能，包括更高层次的职位机会、行业内的合作邀请以及公开演讲和出版图书的机会。

其次，强大的个人品牌有助于扩大社交网络，通过各种平台和渠道，我们可以接触到更广泛的受众群体，包括潜在的雇主、客户、同行及合作伙伴。这样的网络不仅能够为我们带来更多合作机会，还能够在必要时提供支持和资源。比如，鹿露同样因为自己的品牌身份得到了诸多资源，拓宽了副业发展渠道。

最后，随着个人品牌的增强，我们也能够实现多元化的收入。从知识付费、在线课程、咨询服务到品牌合作和广告，强大的个人品牌可以打开多种经济收益的渠道，为个体提供更大的经济安全和自由度。

所以，打造个人品牌不仅是副业发展的极佳方式，更是实现个人价值、保障经济独立的重要途径。目前，各种优质自媒体平台正充斥大众生活，如微博、抖音等。这些平台已经成为个人品牌构建的关键渠道，它们通过强大的社交网络和互动特性，为个人品牌提供了广阔的展示和成长空间。这些平台不仅拥有庞大的用户群体，为内容创作者提供了巨大的潜在观众基础，而且提供了一系列工具和功能，如内容分析、目标受众定位、互动增强等，这些工具帮助个人创作者深入了解其内容的表现和受众的偏好，从而优化内容策略，提升内容的吸引力和参与度。此外，这些自媒体平台的算法推荐机制也能有效增加优质内容的曝光率，使得个人品牌有机会迅速获得认可和关注。通过这些自媒体平台，我们不仅可以分享专业知识和见解，还能展示个人生活和价值观，从而在多维度上构建和强化个人品牌。

虽然打造个人品牌的好处多多，各大自媒体平台也是现成的，但真正打造一个成功的个人品牌绝非易事。这不仅需要我们持续地投入时间和精力，不断地学习、适应和创新，以确保个人品牌的持续发展和影响力的扩大，还需要讲究方法和策略，确保自己的个人品牌在海量信息中色彩鲜明。

结合鹿露个人品牌打造的经历，我们会发现品牌打造涉及内容创作、社交互动和品牌定位等多个关键元素。其中，内容创作是个人品牌构建的核心，毕竟品牌形象和标签都是通过内容建立起来的。所以，在个人品牌打造时一定要考虑内容的"营养性"，毕竟一切可圈粉的自媒体风口时代已经过去，我们需要确保内容既有深度又具吸引力，能够反映个人的专业知识和独特视角，这才能够让自己的品牌具备成功的基础。建议创作内容时应注重原创性和提供利他价值，确保内容能够解决目标受众的痛点或提供给他们感兴趣的信息。

在社交互动方面，有效的社交策略可以帮助我们与粉丝建立连接和信任。这包括定期在社交媒体平台上发布更新、回应评论和消息以及参与相关社群的讨论。通过这些互动，我们可以更好地了解受众的需求和偏好，进一步优化内容策略。

思考完这些基础操作之后，品牌定位就成了关键。品牌定位涉及明确我们品牌所代表的核心价值和目标受众。这要求大家清楚地界定自己的专业领域、兴趣点以及想要传递的关键信息。成功的品牌定位可以帮助个人品牌在众多内容创作者中脱颖而出，建立独特的市场地位。

在这里与大家分享一个小技巧，这就是在内容输出时，采用故事讲述和价值分享的方法。故事讲述和价值分享是提升个人品牌吸引力和认同感的有效方式。通过分享个人经历、挑战和成功故事，我们可以与粉丝建立情感连接，增加受众对个人品牌的共鸣和忠诚度。同时，传递正面价值观和积极信息可以进一步增强个人品牌的吸引力，激发受众的信任和支持。以鹿露为例，鹿露在公众号输出的内容大多以个人经历、真实感悟为基础，这不仅是在分享个人故事，也是在分享各种副业、理财方面的价值，这种有趣且能够让粉丝获益的方式是鹿露收获无数铁粉的关键。

明白了这些打造个人品牌的基础策略之后，希望大家要做好一个心理准备，这就是打造个人品牌过程中迎接各种挑战的心理准备。在打造个人品牌过程中，挑战与困难主要有三个。

一是内容输出的挑战。内容创新是建立个人品牌的核心，但随着时间的推移，持续产出新颖、高质量的内容可能变得越来越困难。解决这一问题的策略是，定期进行行业趋势和需求的研究，以了解最新的行业变化，从而保持内容的相关性和吸引力。二是时间和精力的投入，这对于许多创作者来说是一个挑战，特别是对于那些同时兼顾其他工作的人，压力更大。为了克服这一挑战，我们需要建立一个实际可行的内容日程安排，确保定期更新内容而不会感到有过度的压力。此外，利用内容批量制作和定时发布的策略也可以帮助我们更有效地管理时间，保持账号的持续活跃。三是行业竞争。自媒体市场的竞争程度远超想象，任何个人品牌成功树立后必然出现无数跟风者、模仿者以及利益争夺者。想要保持自身品牌的竞争力，我们不仅要关注内容质量和创新，还要持续学习和适应新的技术和营销策略。只有不断提升自己，我们才不会被竞争对手超越，被市场淘汰。

再给大家分享三个个人品牌打造的误区。一是打造个人品牌就是当网红，我非常不认同这种观点。以鹿露为例，她更愿意把自己定位成能帮助更多粉丝实现财富自由的支持者。二是缺乏个人优势，无法打造个人品牌。自媒体时代，人人都可以成为大V，以抖音3000多万粉丝的大V麻辣德子为例，他输出的主要内容就是为妻子做菜，而且很多菜都属于家常菜，可见分享家庭生活的方式都可以成为行业大V，我们同样可以做到、三是自媒体市场已经饱和，现在打造个人品牌已过了红利期。任何时代、任何行业都逃不过更迭的规律，所以即使市场饱和，只要我们能够做出优质内容，坚持为粉丝创造价值，同样可以脱颖而出。只要我们肯行动，就不存在为时已晚的状况。

总之，个人品牌的成功打造，可以帮助很多人实现生活阶层的跨越。虽然打造个人品牌不易，但只要我们肯不断学习和付出，克服各种挑战，相信大多数人都可以确保自己的品牌持续发展，也能够在这一领域收获应有的回报。

6.3 新手入局，几个大的自媒体平台

当我们通过优势定位、副业可行性分析，明确了自己在自媒体行业的副业方向后，下一步就是制订明确的行动计划。但在自媒体领域中，这还需要另外一个步骤，就是自媒体平台的选择。

目前，我们常见的自媒体平台已经超过了两位数，且每个平台都有其独特的受众和内容偏好，了解这些平台的核心特征和运作机制对于新入局者来说至关重要。接下来，就与大家分析新手入局自媒体领域前需要全面认知的几个大的自媒体平台。深入了解这些平台的特点有助于我们理解每个平台的优势和运营策略，从而有效地打造和推广自己的个人品牌。

1.微信公众号

微信公众号是一个非常适合内容创作者深度交流和分享的平台，特别是对那些希望提供有深度、有见地内容的创作者来说。它的优势在于能够建立一个相对封闭且持续的粉丝群体，通过定期发布文章或消息，创作者可以与粉丝建立起稳定的联系。以鹿露为例，鹿露就是在微信公众号平台成功打造了个人品牌。

微信公众号支持多种内容形式，包括文字、图片、音频和视频，内容呈现形式多样化。此外，微信的庞大用户基础也为公众号

带来了巨大的潜在读者群。创作者可以利用微信的社交网络特性，如分享和转发功能，来扩大自己内容的覆盖范围。然而，成功运营一个微信公众号也需要高质量的内容和持续的互动，以维持和增加读者的参与度和忠诚度。

2.抖音

抖音则以短视频形式为主，它让内容的创作和分享变得更加轻松有趣。

抖音的算法能够快速将有趣、有价值的内容推荐给大量用户，这为新入局的自媒体人提供了快速增长的机会。在抖音上，无论是生活小技巧、娱乐放松还是教育知识，都可以通过短视频的形式表现出来，这种形式简洁有力，易于接受，也容易引起用户的共鸣和传播。但同时，抖音上的内容竞争也非常激烈，创作者需要不断地创新和优化内容，才能在众多视频中脱颖而出。此外，抖音也提供了直播等功能，使得创作者和观众之间的互动更加即时和生动。

3.微博

微博是一个集信息分享、传播及获取于一体的大型社交媒体平台，它以"微"为核心，允许用户发布短小精悍的内容，包括文字、图片和视频。这种快速、实时的信息更新方式，使得微博成为追踪和讨论时事新闻、热点话题、娱乐八卦等的理想场所。所以，建议想要从事娱乐八卦、时事热点类自媒体副业的朋友重点关注微博，因为这里不仅是这些信息的聚集地，也是很多一手信息的发源地。

对于自媒体人来说，微博是一个展示自己观点、分享专业知识、与粉丝互动交流的平台。通过参与热门话题互动，使用合适的话题标签，自媒体人可以提高自己的知名度和影响力。此外，微博的转发机制也有助于内容的快速传播，使得优质内容可以迅速获得大量曝光。

4.知乎

知乎则是一个基于内容分享的问答社区，它鼓励用户以问答的形式分享知识、经验和见解。知乎的特点在于其高质量的用户群体和内容，许多行业专家、学者都活跃在这个平台上，分享他们的专业知识和生活经验。对于自媒体人而言，知乎是一个展现专业能力、建立行业权威的绝佳平台。

通过撰写深度回答，参与专栏写作，或者开设知乎Live，自媒体人可以与目标受众建立深层次的连接。知乎的内容推荐机制也有助于优质内容被更多的人看到，从而增加影响力。此外，知乎的提问和回答形式促进了双向交流，使得内容创作者可以直接了解受众的需求和兴趣，进而调整和优化自己的内容策略。

5.百家号

百家号是百度推出的一个内容创作平台，它允许内容创作者发布各种形式的内容，包括文字、图片、视频等。作为中国最大的搜索引擎之一，百度为百家号提供了强大的流量支持。这意味着在百家号上发布的优质内容，有机会通过百度搜索获得更多的曝光和点击。这对于希望提高自己知名度和阅读量的自媒体人来说，是一个不可忽视的优势。

在百家号上，内容质量和原创性是获得成功的关键。百度鼓励高质量和原创的内容创作，对于那些能够提供深度分析、独到见解或有用信息的内容，百家号会通过算法优化确保它们获得更好的展示。此外，百家号还提供了多种变现方式，包括广告分成、内容付费等，为自媒体人提供了盈利的机会。

6.今日头条

今日头条则是一个基于算法推荐的新闻聚合和内容分发平台。它通过分析用户的阅读习惯和偏好，为用户推荐最感兴趣的内容。这种个性化推荐机制，使得每个用户的内容消费体验高度定制化，同时也为内容创作者提供了将内容精准推送给目标受众的可能。

对于自媒体人来说，了解和利用好今日头条的推荐机制是关键。这意味着创作的内容不仅要高质量、有趣味，还要具有一定的时效性和针对性，以满足目标受众的需求。今日头条的内容形式也非常多样，包括短视频、文章、问答等，这为自媒体人提供了广泛的创作空间。与此同时，今日头条还提供了直播、短视频和图文等多种形式的内容创作和互动方式，使得自媒体人能够通过多种方式与粉丝建立连接。

7.快手

快手最初作为一个短视频和直播平台起家，以其接地气的内容和亲民的氛围著称。

快手鼓励用户分享日常生活中的点点滴滴,因而在广大普通用户中有着极高的人气。对于自媒体人来说,快手提供了一个展示自己才能和创意的平台,尤其是对于那些擅长制作生活化、接地气内容的创作者来说,快手是一个非常不错的选择。

在快手上成功的关键在于保持内容的真实性和亲和力,以及与粉丝建立紧密的互动关系。快手的用户更加偏好那些能够引起共鸣、贴近生活的内容。因此,无论是通过短视频还是直播,与观众建立真诚的连接,分享有价值、有趣或有启发性的内容,都是吸引和留住粉丝的重要策略。此外,快手的算法也倾向于奖励那些能够激发高度互动和参与度的内容,因此,鼓励粉丝点赞、评论和转发,对于提高内容的曝光度和影响力至关重要。

8.B站(哔哩哔哩)

B站最初以分享ACG(动画、漫画、游戏)相关内容而知名,但如今已经发展成为一个包含了多元化内容的综合性视频平台。B站以其强大的社区文化和年轻化的用户群体而著称,用户不仅可以观看内容,还可以通过弹幕形式实时参与视频的讨论。

对于自媒体人而言,B站是一个展现专业知识、创作原创内容的理想平台。无论是教育讲座、科技解读、生活分享还是娱乐创作,只要内容足够有趣、有创意、有深度,就能吸引到大量的粉丝。B站的用户普遍欣赏高质量和有深度的内容,因此,投入时间和精力制作精良的视频是在B站获得成功的关键。

此外，B站的弹幕文化为视频增添了一份独特的互动性，创作者可以通过观察和参与弹幕讨论，更好地了解观众的反馈和偏好，进而优化自己的内容创作。

9.小红书

小红书是一个以生活方式分享为主的社交电商平台，特别受年轻人的欢迎。用户在小红书上分享的内容往往围绕旅行经历、美妆心得、时尚搭配、健康饮食等生活方式主题。这些内容通常以图文笔记或短视频的形式出现，让人们能够发现和购买他们喜爱的商品，同时获取灵感。

对自媒体人而言，小红书是一个展现个人品位、建立个人品牌的绝佳平台。在这里，高质量的内容和美观的呈现方式尤为重要。成功的关键在于创作能够引起共鸣、提供价值并具有视觉吸引力的内容。此外，由于小红书具有较强的社区和互动特性，定期与粉丝互动、回应评论和参与话题挑战可以有效提升用户的参与度和粉丝的忠诚度。

10.YouTube

YouTube是全球最大的视频分享平台，覆盖各种主题和领域，从教育课程、技术评论到娱乐剪辑和个人日志，应有尽有。YouTube的全球性质和多样化的受众群体为自媒体人提供了无限的机会，允许他们触及来自世界各地的观众。

在YouTube上成功的关键是创作高质量、具有吸引力的视频内容，并且能够持续地吸引观众。优秀的视频制作技巧、有趣的内容创意以及对目标受众的深刻理解是吸引和保留观众的重要因素。此外，优化视频的标题、描述和关键词以及利用YouTube的分析工具来理解观众的偏好和反馈，对于提高视频的可见性和互动率至关重要。YouTube也提供了多种变现途径，包括广告收入、频道会员和商品销售，为内容创作者提供了丰富的收入来源。

11.Instagram

Instagram是一个以图片和视频为中心的社交媒体平台，非常适合分享视觉内容，如摄影、艺术作品、时尚和旅行等。这个平台以其高度的视觉审美和简洁的用户界面而受到用户的喜爱。对于自媒体人来说，Instagram是展示视觉创意、建立个人或品牌形象的理想场所。

成功在Instagram上建立影响力的关键在于发布高质量和吸引人的视觉内容，以及通过标签、故事和直播等功能与粉丝互动。Instagram的算法倾向于奖励那些能够激发用户互动（如点赞、评论和分享）的内容，因此，创作引人入胜的帖子和故事，以及定期与粉丝互动，对于提高可见性至关重要。此外，利用合适的标签和参与相关的社区可以帮助内容创作者触及更广泛的受众。

12.Medium

Medium是一个专注于文字内容的发布平台，它鼓励用户分享深度文章、个人故事和专业知识。这个平台以其高质量的内容和简洁的阅读体验而受到读者的青睐。Medium的特点在于其开放的内容生态系统，任何人都可以发布内容，而且平台的算法会根据内容的质量和用户的阅读偏好推荐文章。

对于希望在Medium上成功的自媒体人来说，关键在于创作有深度、有见解且有价值的文章。这包括提供独到的分析、分享个人经验或讲述引人入胜的故事。Medium的读者群体倾向于寻求有质量和有思想的内容，因此，确保文章的质量和原创性是至关重要的。此外，积极参与Medium社区，如对其他文章进行评论和推荐，也有助于提高个人的曝光率和建立更广泛的读者网络。

我们可以看到，每个平台都有其独特的特点和受众群体。无论是微信公众号的深度文章分享，抖音的短视频创意，还是微博的时事热点讨论，知乎的知识问答互动，这些平台都为内容创作者提供了展示才华和建立个人品牌的机会。

对于新手而言，选择合适的自媒体平台是成功的第一步。这需要根据自己的内容特点、技能优势以及目标受众来决定。一旦选择了平台，就需要深入了解其运作机制、内容偏好和受众行为，以便制定有效的内容策略和互动计划。

另外，再次提醒大家，成功不会一蹴而就。自媒体之路充满挑战，但只要坚持不懈，不断优化和创新，就能在这个多元化的自媒体世界中找到自己的一席之地。

6.4 自媒体的变现方式

打造个人品牌，选择适合的自媒体平台，最终目标都是实现价值变现，如何将自己的创意和努力转化为实际收益，也是大家需要明确的问题，且这一问题的答案还关系到我们输出内容的类型与方式。

目前，随着自媒体行业的成熟和发展，变现的途径和策略也日益多样化，为大家提供了广阔的选择空间。下面就把自媒体行业的主要变现方式分享给大家，希望能够帮助大家实现个人价值和经济效益的双重增长。

1.个人品牌变现

在自媒体领域内创业或者从事副业，首先要打造好自己的个人品牌，正是因为它是自媒体变现的基础。而且个人品牌本身也是一种变现方式。

个人品牌变现的主要方式就是与企业或其他商业品牌合作。目前大多数企业和品牌都倾向于与那些能够代表其价值观，并且拥有大量忠实粉丝的自媒体人合作，这一过程中自媒体人可以获得一笔可观的收益。此外，个人品牌的商品化也是一种流行的变现方式，无论是实体商品还是数字产品，都能够让创作者的个人魅力和专业知识得到更广泛地传播。

2.带货变现

当我们拥有一定粉丝量之后，可以通过内容来带货或者直播带货，创作者可以将自己对某一产品或服务的真实体验和评价转化为影响粉丝购买决策的力量，这种方式在直播领域尤为显著。而直播带货通过实时展示和互动让购买过程变得更加透明和可信，而通过评测和推荐的内容，创作者不仅能够分享自己的专业见解，还能够为粉丝提供实用的购买建议，从而在提供价值的同时实现销售。

3.广告变现

广告变现是自媒体领域内最为直接和普遍的变现形式之一。当我们的内容能够吸引到足够的粉丝时，这些粉丝的注意力就成为一种有价值的资源，而广告便是将这种注意力货币化的手段。

在这一模式下，我们可以通过在内容中嵌入广告来获得收益。这些广告可以是视频开始前的短片、文章中的横幅广告，或是社交媒体帖子中的品牌合作内容。广告主为了将自己的产品或服务介绍给目标受众，愿意支付一定的费用给创作者或平台。自媒体人在这一过程中的关键是保持内容的高质量和观众的积极参与度，因为这将直接影响到广告的效果和最终的收益。

4.平台分成

与广告变现相辅相成的是平台分成。在许多自媒体平台上，平台官方会根据一定的规则与创作者分享由其内容产生的收益。这种分成的来源可能是广告收入、付费内容、赞助费用等。

例如，视频平台可能会根据视频观看量和广告展示次数来与创作者分成广告收入，而在一些写作平台上，根据读者对文章的打赏、订阅或付费阅读，平台也会与创作者进行收益分成。这种模式的优点在于，它鼓励创作者持续产出高质量的内容，内容的受欢迎程度直接关联了收益的多少。同时，平台分成模式也需要创作者了解平台的具体政策和分成比例，以便最大化自己的收益。

5.电商变现

电商变现是指自媒体人通过账号销售商品来实现收益的过程。目前，很多自媒体平台都允许创作者开设店铺，或者开通"小黄车"，这都为自媒体人提供了电商变现的渠道。

这种方式更适用于那些在特定领域（如美妆、健康、生活方式等）拥有专业知识或者独到见解的自媒体人。通过内容创作建立起来的个人品牌和信任度，为商品销售提供了坚实的基础。创作者可以选择直接销售自己的产品，如实体商品、电子书、课程等，或者通过与其他品牌的合作来推荐商品，从而获得销售提成。电商变现的关键在于如何将内容与商品销售自然地结合起来，让推荐的商品能够为受众带来真正的价值，从而在不影响受众体验的前提下实现销售。

6.培训咨询变现

培训咨询变现是自媒体人通过提供专业的培训服务或个人咨询来获得收益。对于那些在某一专业领域具有深厚知识储备的自媒体人来说，这是一个非常有效的变现途径。目前，最常见的培训咨询变现就是法律咨询。

这种变现方式中，创作者可以通过线上或线下的方式，提供个人咨询服务、专业课程等，为有需求的受众解决具体问题或提供深入学习的机会。

这种变现方式的优势在于能够充分利用创作者的专业优势，同时也能够建立起更紧密的创作者与受众之间的联系。成功的培训咨询服务不仅能够为创作者带来直接的经济收益，还能够进一步增强个人品牌的影响力和权威性。

7.账号代运营变现

账号代运营变现是指自媒体人利用自己在内容创作、社交媒体运营、粉丝管理等方面的经验与技巧，为那些需要帮助的品牌或个人管理和运营其自媒体账号，以此获得报酬的一种变现方式。随着越来越多的品牌和个人认识到自媒体的重要性，但又缺乏相应的经验或资源来有效运营自媒体账号时，专业的代运营服务就显得尤为重要。

成功的账号代运营不仅需要深厚的内容创作能力，还需要对不同平台的运营规则和受众偏好有着精准的把握。此外，高效的沟通能力和项目管理能力也是不可或缺的，这能确保代运营服务能够有效地根据客户需求来进行，从而达到提高受众参与度、提升品牌形象等目的。

8.中介变现

中介变现则是指自媒体人通过自己的网络和资源,为需求方(如品牌、广告主等)与提供方(如其他自媒体人、内容创作者等)之间搭建桥梁,促成合作关系,并从中抽取佣金或获得服务费的一种变现方式。这种模式充分利用了自媒体人的人脉资源和行业经验,为各方提供有价值的对接服务。

在这一模式下,自媒体人需要具备良好的行业洞察力,能够准确地评估和匹配合作双方的需求和供给,同时也需要具备一定的谈判技巧,以促成合作并确保交易的公平、透明。中介变现模式的成功很大程度上依赖自媒体人的信誉和专业性,因为这直接关系到其能否为合作双方带来真正的价值。

9.账号销售变现

其实,账号销售变现并不是一种自媒体变现方式,它是一种资产出售。不过现实生活中的确存在一些自媒体人出售账号变现的真实情况。

这种变现情况通常是一些成功打造了个人品牌,且拥有可观粉丝量的自媒体人,其出于某些原因决定将某个账号转手。账号销售的关键在于账号本身的价值,这包括账号的粉丝数量、粉丝活跃度、内容质量以及账号在目标领域内的影响力等。

一个高质量的自媒体账号能够为买家提供一个即刻启动和运营的基础,省去了从零开始积累粉丝的时间,因此往往具有较高的市场价值。在进行账号销售时，透明度和诚信是非常重要的。卖家需要向潜在买家提供准确的账号数据，包括粉丝统计、互动率、内容表现等，以便买家作出明智的决策。同时，双方也需要就账号的使用权、内容方向、粉丝维护等方面达成明确的协议，以保证交易的顺利进行和账号交接后的平稳过渡。

值得注意的是，账号销售并非适合所有自媒体人。对于那些对自己的品牌和粉丝群体有长期规划和承诺的创作者来说，保持账号的持续运营往往比一次性的销售更具价值。此外，账号销售还需要考虑到平台的政策和规定，因为不同的自媒体平台对于账号转让可能有着不同的限制和要求。

随着自媒体行业的快速发展，变现方式的多样化为创作者提供了广阔的机遇。重要的是，我们需要根据自己的内容特性、受众基础以及个人兴趣和专长，选择最合适的变现路径，并保持对行业动态的敏感，适时调整运营及变现策略。相信保持这样的态度，大家在自媒体领域一定可以持续增强个人品牌的影响力，实现自媒体事业的长期发展。

努力十年　财务自由

投资理财篇：
辛苦赚钱是走楼梯 投资理财是坐电梯

第七章

理财新手入门

7.1 理财为我们的人生锦上添花

如果说副业是雪中送炭，理财就是锦上添花。当然，如果我们现在毫无积蓄、身无分文，那么就无须考虑理财问题了，更不要幻想着如何通过理财实现人生逆袭了。因为我们连理财的基础都不具备。

想要通过理财实现个人财富增长，首先我们就要拥有一份本金。本金的获取方法可以参考前面分享的各种策略，相信大多数人通过开启"人生的第二曲线"都能够改善收入状况，并获得一些基本的财富积累。这时通过合理的理财则可以让我们的资产更上一层楼。

以鹿露为例，产生这种感悟时鹿露每年的理财收益已经超过百万元，可见理财对于大多数渴望实现财富自由的人而言，还是非常必要的。

其实，理财的门槛并不高，这虽然需要我们拥有一定的本金，但并不代表这只是专属有钱人的游戏。任何一个人只要有一部分可自由支配的"闲钱"都可以进行理财。硬要说普通人和富豪之间的理财区别的话，那便是富豪的投资渠道更加丰富，理财方式更加多元，甚至很多富豪的主要收入恰恰是通过理财实现的。

鹿露并不是副业赚到钱后才开始理财的，从她还是个月入4000元的小助理时，理财意识已经开始萌芽。这一切要归功于她的合租室友赵美美。美美是银行的理财经理，时不时也会给鹿露科普一些理财投资的知识，耳濡目染之下，鹿露对钱生钱也产生了兴趣，主动地去学习，去实践，最后成了财经博主。

  本书第一章就写到过，选择什么样的居住环境，也决定了你会遇到什么样的人，而有些人的出现确实会改变你的人生轨迹。当然，她同样是从一个懵懂的小白起步，一路走来，逐渐成了理财收入颇丰的财经达人。我们本章分享的正是鹿露最珍贵的理财心得及一些对理财新手们极其适用的理财技巧。

7.2 理财的第一步：存钱

正所谓"你不理财，财不理你"。想要实现财富增长，我们自然要懂得善用财富的力量。当然理财的第一步自然是"有财"，而这部分"财"更多是通过"存钱"获得的。

所以说，我们首先需要掌握的财务技能便是学会存钱，其核心在于确保开支不超过收入。当代不乏赚取数百万年薪之人，但他们仍难以积累财富，究其原因，无非是支出过于巨大。

现在，就与大家分享一些理财新手需要了解，同时能够有效提高大家存钱效率的小技巧。

1.存钱的第一步：记账

理财的起点是存钱，而存钱的基础是记账。记账能让我们清楚了解自己的财务状况。通过记录每一笔收入和支出，我们能够全面掌握每月的盈亏情况和具体的开销与收入。这有助于我们更好地制定理财策略。例如，根据每月的结余，决定以哪种方式将多余资金投资于理财产品以获取更高收益。

如今，记账已经是非常方便的生活动作，比如手机上可以下载许多记账软件，如鲨鱼记账、随手记和挖财等。随便一款软件都可以让我们的资金流动情况变得十分清晰。

需要注意的是，记账的目的不仅是要了解资金流动情况，更是要对流动情况进行分析和调整。下面，就与大家分享下生活记账的正确流程。

（1）初期阶段。在记账的初期阶段，第一任务是养成记账的习惯，因此无须过分关注如何调整开支，我们需要确保记录每一笔消费。选择一个喜欢的记账方式，可以增强我们记账的动力。

（2）中期阶段。到了记账的中期阶段，除了记录每笔支出外，我们还需要开始注意各项支出的比例和总额。在这个过程中，留意是否有某些方面的支出过高，并及时进行调整，同时计算每月的总支出是否超过收入。

（3）成熟阶段。到了记账的成熟阶段，我们便可以开始为每个消费类别制订预算，根据收入确定每月或每日的可支配金额，并严格执行。

2.找出生活中的"拿铁因子"，并减少它们

通过有效的记账，可以清楚了解自己的收支情况。接下来要做的就是减少不必要的开支。

"拿铁因子"这个概念来自大卫·巴赫的一本书，书中的一个小故事指出，生活中一个看似不起眼但长期的支出，积累下来将是巨大的开支。这个小故事讲的是，一对夫妻，有一个每天早上必喝一杯拿铁咖啡的习惯，这看似生活中微不足道的支出，但这对夫妻统计了一下，30年来，他们对此的支付高达70万元。

我们可以再举几个例子来说明"拿铁因子"的重要性。

试想，如果你每天抽一包烟，价格是10元，一年下来花费3560元，30年后累计花费将达11万元。

如果你每天喝一杯奶茶，每杯20元，一年花费7300元，30年后累计化费将达22万元。

生活中还有许多类似的隐形开支，如随意购买的饮料、短距离打车、网购的闲置物品等。这些不必要的支出就像隐形的小怪兽，悄悄地从你钱包里偷走钱。

事实上，对于很多人而言积累财富并不在于获得一笔巨大的收入，恰恰是注重生活中的小细节。通过记账，我们可以找出这些隐形开支，逐步减少甚至消灭它们。

所以，如果你现在还有喝奶茶的习惯，不妨尝试下从每天一杯奶茶减少到隔天一杯，你会发现，就是这样一个细微的改变，就能够达到省钱的效果，同时也会让我们的身体更健康。

很多人会问，省下这些微不足道的钱做什么呢？还不如继续享受生活。可事实是，这些日常省钱的行为就是理财的有效方法，我们完全可以用这笔钱来进行理财投资。例如，每天定投10元的一只基金，一个月下来就是300元。加上复利效应，经过多年积累，最终会成为一笔可观的财富。

3. 信用卡利息比你想象中的可怕

尽量避免使用信用卡，并确保不透支。当前，许多年轻人倾向于超前消费，认为透支信用卡并不影响自己的财富积累，且方便日常消费，我们只需偿还每月最低还款额即可。所以，很多人有透支信用卡，不断地欠款再偿还的习惯。但他们忽视了使用信用卡时需要支付的高额利息，有些信用卡的年利率高达15%~18%。

　　信用卡逾期不仅会影响个人信用记录，还会产生利息。很多人不知道，其实信用卡的利率非常高。正常情况信用卡的日利率是万分之五，这看起来微不足道，但实际上年化利率达到18.25%。因为信用卡的计息方式不仅是所谓的"利滚利"，还包括全额罚息和逐笔计息。下面，我们就来举例详细了解下"利滚利"、全额罚息和逐笔计息。

　　举个简单的例子，如果我们这个月信用卡透支了10000元，那么每个月产生的利息大概是152元。需要注意的是，下个月的计息额将变成10152元，这就是"利滚利"。

　　而全额罚息指的是如果我们未能全额还款，无论已经偿还多少，银行都会按欠款全额计息。例如，我们这个月需要还款10000元，但由于资金紧张，只还了2000元。按道理讲，我们应该只对剩余的8000元计息，但银行仍然会按照10000元的全额来计算利息，这就是全额罚息。

　　逐笔计息则是指如果没有全额还款，那么每一笔消费都会单独计算利息，并且从消费的第二天（入账日）开始计息。计息天数分为两部分：已还款部分的计息天数是从入账日到还款日，未还款部分是从入账日到下一个还款日。

所以，大家千万不要被信用卡每日万分之五的理论误导，认为使用信用卡超前消费不会对生活造成太大影响，当这些计息方式叠加到一起时，对于养成使用信用卡超前消费的人而言，将会带来不小的压力。

这里，再次强调一次：利息是从消费入账日那天开始计算的。

4.了解复利的力量

无论是存钱还是理财，我们都需要了解一个金融学概念——复利，以及一个被称为"七二法则"[①]的计算方式。复利就是我们常说的利生利、利滚利，而"七二法则"其实是一个简便的数学技巧，用来估算利息使资金翻番所需的时间。这个规则的核心思想很简单。你只需要把数字72除以你的年利率，得到的结果就是大概多少年后你的资本会因为利息收入翻一番。

假设你的投资每年能得到5%的收益，你就用72除以5，得到的结果是14.4。这意味着大约在14.4年后，你投资的钱会翻一番。相反，如果你用信用卡借钱，而信用卡的年利率是18%，那么你的债务会在多久后翻番呢？同样用72除以18，得到4。这意味着如果你不偿还债务在大约4年的时间里，你欠的钱就会翻一番。

"七二法则"是一个很直观的理财方法，它能帮助我们更加清楚地理解利息如何随时间增长，无论是你赚的利息，还是你欠的利息。

[①] "七二法则"是一个金融学概念，是指以1%的复利计息，72年后（72是约数，准确值是ln2/ln1.01），本金翻倍的规律。

有些人认为复利不过是理财人士的说辞，对财富增长的意义不大，根本实现不了财富翻番，但事实上复利才是影响财富增长的主要因素。举一个最简单的例子。假设我们进行一项长期投资，这项投资时长为20年，需要每年投入1万元，该投资项目的年利率为8%。按照复利计算，第一年后我们的投资所得为1万元的8%，即0.08万元。第二年后，我们的投资所得为(1万元+1.08万元)×8%=0.1664万元。以此类推，20年后我们能得到多少钱？答案约为294,229.21元。这20年中我们每年投入1万元，累计投入20万元。但获得的收益却是294,229.21元，接近投资本金的1.5倍，这足以体现复利的强大。

实际上，历史上早就有知名人士利用复利力量实现财富增值的案例。著名的美国政治家本杰明·富兰克林，在即将去世时将5000美元捐赠给了他最爱的两座城市——波士顿和费城。他规定这笔资金不能动用，仅可用于投资，并且每隔一百年才能取用一次。一个世纪后，这两座城市分别取出了50万美元；再过一个世纪，取出的金额飙升至2000万美元。可见，通过复利实现财富增长是完全可行，关键在于我们是否具备长期管理它的耐心。

5.学会"三个钱包"理财法

所谓"三个钱包"理财法，是指将每月收入放在三个"钱包"进行管理。

第一个"钱包"是必须花的钱。这部分资金用于日常生活开销、房租、水电等基本生活费用。

第二个"钱包"是必须赚的钱。用于储蓄和投资,帮助我们实现钱生钱的目标。

第三个"钱包"是必需开心的钱。这些资金是指用于享受生活,满足自己购买心仪物品和实现梦想的需求。

需要注意的是,三个"钱包"的比例需要根据实际收入来决定。而这一比例恰恰需要我们经过一段时间记账,然后根据自己的实际情况规划出来。

以鹿露为例,在理财初期,鹿露的月收入为5000元,"必须花"的钱占80%(4000元),"必须赚"的占10%(500元,用于基金定投),"必须开心"的钱占10%(500元)。

此外,鹿露还有一份兼职收入,虽然这部分收入每个月都有差异,但鹿露一直将这份收入的其中80%存入"必须赚"的"钱包"里,用于购买理财产品;剩余的20%则放在"必须开心"的"钱包"里,用于奖励自己。就这样鹿露不仅有了更充足的赚钱动力,还提高了生活品质,最重要的是,她还通过增加理财投入,提高了自己的持续收入水平。

6.几种有趣的存钱方法

除了"三个钱包"理财法之外,这里再与大家分享几个有趣的存钱方法,相信这些方法能够切实帮助大家提高自己的存钱能力。

(1)365存钱法。这是一种非常流行的存钱方法,具体是将

365天的表格打印出来，每天设定一个存钱金额。每存一笔，就在表格上标记。假设我们每天设定的存款额为1~20元，那么一年下来最高可以存到7300元。如果我们每天的存款额设定为1~365元，取中间数字182元，那么我们一年可以存款约为66430元，当然具体的存款数额我们可以根据自己的实际情况而定，主要的是只要长期坚持，就可以在一年后获得一笔不菲的积蓄。

（2）52周存钱法。如果我们感觉每日存钱的频率过高，那么可以选择每周一存，而这就是"52周存钱法"。不过"52周存钱法"不是存入固定的数值，而是每周递增。比如，第一周存10元，那么第二周则需要存20元。按照这一增长速度，到第52周存款可达到13780元。

（3）12月存钱法。事实上，大多数人的存钱节奏都是按月进行的，因为我们的工资是按月发放的。每个月发工资时，强制自己储蓄工资的10%~20%，这就是"12月存钱法"。一年下来，我们可以看到这是一笔可观的积蓄。

"12月存钱法"还有另外一种存款形式，即当月每花一笔钱，就转入相同金额到存钱账户。花多少，存多少，这是一种非常自律的存钱方法。如此不仅能够确保每个月的存款额，还能够引导我们控制自己的支出。

（4）12存单法。顾名思义，"12存单法"就是每个月存一笔钱，这笔钱可以是固定的，也可以是不固定的。这是一种非常传统的存钱方法,由于以前人们存款时都会收到一张存单作为存款凭证,所以这种存款方式才被称为"12存单法"。

(5)百元周存钱法。这是一种考验自身耐力、执行力,但是存钱效果极其显著的存款方法。即把自己每周的最高消费设定为100元,每月消费控制在400元之内,其他的收入全部作为储蓄部分。这种方法执行起来存在一定难度,但存款效果同样惊人。

7.3 你瞧不上的指数型基金比主动型基金更好

存钱是理财的基础,但是理财的目的一定是让"钱生钱"。在这个过程中,建议大家了解一个关键的理财知识,这就是指数基金。尤其当大家通过存钱获得一定理财资本之后,指数基金就将成为我们理财的一大重点。

1.主动基金和指数基金的分析

我们先来了解下主动管理型基金和指数型基金的具体含义。

(1)主动管理型基金。这种基金由基金经理根据自己的投资策略和分析主动选股并构建投资组合。基金的表现高度依赖基金经理的投资能力和判断力。

(2)指数型基金(又称被动基金)。这种基金通过购买特定指数的全部或部分成分股来构建投资组合,严格复制标的指数的表现。指数基金旨在获取市场的平均收益。

两者差异具体如表7-1所示。

表7-1 主动基金和指数基金差异

基金类型	特点	主要影响因素
主动管理型基金	主动构建投资组合	基金经理、投研团队
指数型基金	复制指数表现	指数涨跌

主动管理基金的投资重点在于选择优秀的基金经理和基金公司，而指数型基金则侧重于追求市场的平均回报。

目前，许多投资者钟爱由明星基金经理管理的主动管理型基金。然而，实际情况却是，相较于许多主动管理型基金，指数型基金通常能够实现更优的业绩。原因在于，能够长期超越市场指数的基金经理凤毛麟角，而普通投资者却需要为这些表现不佳的基金经理支付高昂的管理费。

沃伦·巴菲特曾发起一个挑战，承诺如果有人能在10年内的投资回报超过标普500指数，他将奖赏一百万美元。一家基金公司接受了这一挑战，但最终未能战胜标普500指数，输掉了这场赌注。这一挑战进一步证明了巴菲特在投资领域的智慧和策略。

研究表明，指数型基金能够胜过约80%的主动管理型基金，而且这种胜利往往只需年化1%的收益率差异即可实现。这1%的差异究竟源自何处？答案在于管理费用。换句话说，投资者支付高额费用购买的主动管理型基金所带来的额外收益，往往不足以抵销基金经理的管理费，而相对低成本的指数型基金则因管理费用较低而更具投资价值。

你可能好奇为何市场上频繁出现所谓的投资天才？那些报道中年收益斐然的明星基金经理是如何做到的？这实际上与经济周期息息相关。某些基金经理可能偏好于特定领域的投资，如房地产、消费类或金融类股票。当某一领域在经济周期中表现突出，比如科技股在某段时间内大幅上涨，就会孕育出一批所谓的明星基金经理。然而，这些"明星"随着周期的变化而更替，昨日的佼佼者今日可能平庸无奇。这不是因为某些基金经理拥有超凡脱俗的选股能力，而是因为市场周期的自然变迁。

2.为什么选择指数型基金

（1）低成本优势。正常情况下，指数型基金的成本远低于主动型基金。被誉为"指数基金之父"的美国经济学家约翰·伯格在《共同基金常识》中就提到一项"推荐低成本基金"原则，这一原则恰恰强调了指数基金的低成本特性。

首先，指数型基金的综合费率（包括交易时的申购、赎回费以及基金本身的管理费、托管费）远低于主动型基金。其次，主动管理型基金频繁的换手率，在长期复利的影响下，导致成本比指数基金高出不少。

综合来看，指数型基金的手续费仅为主动型基金的约1/10。举例来说，购买主动管理型基金的综合费率约为3.5%，如果投资1000元，成本为35元。而指数型基金的综合费率约为0.2%，同样投资1000元，成本仅需2元。

（2）长期收益更高。从长期来看，指数型基金的收益通常高于主动型基金。《共同基金常识》中就提到：35%的债券指数基金和65%的股票指数型基金组成的指数平衡型基金，与积极管理的主动型平衡型基金相比，长期（50年）来看，用1万美元投资指数型基金的最终市值超过主动型基金50%以上。

10年后再次对比，即使在股市回报率偏低的情况下，指数型基金的回报率仍能达到6.5%，而主动型平衡基金的年化收益率仅为4.9%。

早在2012年，宾夕法尼亚大学沃顿商学院金融学教授杰里米·J.西格尔就曾展开过一项研究。研究结果显示，在过去的100年（1926年~2012年）中，美国股市的年化复合增长率为9.6%，其中包括4%的股息收益和5.5%的资本增值收益；扣除3%的通货膨胀，年化复合增长率约为6.5%。而在美国市场1982~2001年的20年间，主动管理的共同基金年收益率比标准普尔500指数低2%。

在中国A股市场中，指数型基金的表现同样如此。有专业机构曾进行过股市调查，调查结果显示，从2000年起的20年间，按市值计算，复合增长率为14.96%，加上平均1.38%的年股息率，年化收益率大约为16.34%。

可见，在全球范围内，从长期来看，指数型基金的收益都高于主动管理型基金。

（3）长期投资的无风险收益。长期来看，指数型基金是无风险且收益率比货币基金和银行存款高出不少的投资产品。比如，个股一旦倒闭，投资者的投资本金很可能血本无归，但指数型基金永远不会出现这种情况。最重要的是，在指数型基金领域存在一种风险低、收益稳的操作方法——长线投资。

比如标普500ETF，从2014年1月15日0.994开盘，截止2024年2

月8日，股价3.51元，上市10年收益3.51倍，平均复合收益13.29%。要知道比较热门的某宝货币基金最高年化收益率不超过3%，按照"七二法则"计算，在复利的帮助下，本金在10.2年后就会翻番。

综上所述，你瞧不上的指数型基金其实远比主动型基金优秀。对于投资理财而言，我们不要被明星理财经理的履历，以及各种主动型基金的年回报率误导，选择指数型基金可谓一种明智且稳妥的投资理财方式。

7.4 定投基金的"微笑曲线"

上面我们提到了,"长线投资"是指数基金领域中一种风险低、收益稳的操作方法。那么你一定会好奇为何"长线投资"能够获得这样的效果。下面,我们就以"长线投资"的代表——定投基金来分析一下,长线投资的内在逻辑。

所谓定投基金是指一种在固定的时间投入固定金额到一个固定开放式基金中的基金投资方式,这种投资方式有点类似银行的零存整取。需要注意的是,无论这只基金如何变动,我们的投资时间和投资金额始终保持不变,这才称得上"定投"。

定投资金之所以风险小、收益稳,其中有一个关键概念可以解释,这就是"微笑曲线"。"微笑曲线"是由宏碁集团创办人施振荣先生于1992年提出,他把这一理念作为企业发展的战略指导。简单来说,"微笑曲线"形象地描述了在企业价值链中,价值在产品研发与设计以及营销和服务环节最高,而在制造环节最低。这个理论帮助无数企业在激烈的市场竞争中找到了新的发展方向,如图7–1所示。

微笑曲线理论

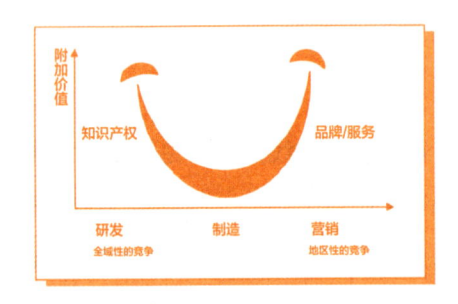

图7-1 施振荣先生提出的微笑曲线理论

而在投资领域，"微笑曲线"同样有着它独特的应用。基金定投中的"微笑曲线"可以清楚展示我们如何通过在市场低迷时期积累份额，在市场回暖时实现整体盈利的过程。

下面，我们就用一个案例进行了解。

假设我们每个月定期投资1500元到一只基金中。刚开始时，基金价格为1.5元/份，我们购买了1000份，总价值为1500元。接下来，市场开始下跌，基金价格降到1元/份，这时我们又投资1500元，购买了1500份，总持有份数变为2500份。尽管市场在下跌，我们的持有份额却在增加，总成本也逐渐摊薄。

继续下跌，基金价格降到0.5元/份，我们再次投资1500元，买到了3000份，总持有份数达到5500份。虽然总价值有所减少，但我们的持有份数已经非常可观。当市场恢复到1元/份时，我们继续定投1500份，此时的总持有份数已经达到了7000份。即便此时价格仍低于我们最初的购买价，我们依然在盈利。

当市场进一步回升到1.5元/份时，我们再次投资1500元，总持有份数达到8000份，总价值12000元，盈利4500元，利润率高达60%。

通过这一系列操作，我们不仅摊薄了投资成本，还在市场回暖时实现了显著的盈利，如图7-2所示。这就是"微笑曲线"的神奇之处。

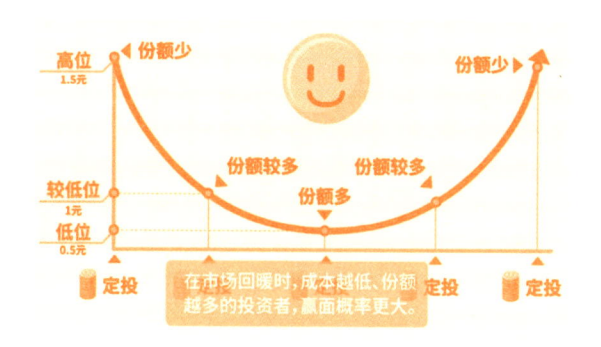

图7-2 投资领域的"微笑曲线"

看到这里，你可能会问，为什么市场经历了下行，我们的基金却可以盈利60%？"微笑曲线"到底由何而来呢？答案恰恰就在定投基金的内在逻辑中。

（1）成本平均化。定投基金的第一个特点便是成本平均化。通过定期定额投资，我们在市场高点和低点均匀地购买基金，摊薄整体成本。当市场下跌时，我们能够以更低的价格购买更多份额，等待市场回升时，这些低价买入的份额将带来更高的回报。

（2）风险分散。相比其他基金投资，定投基金的风险长期处于低风险状态。基金投资本质上是一种组合投资，我们可以把每次定期投资视为购买了一只股票，这一过程中我们购买了多只股票，降低了单一股票可能带来的风险。只不过定投基金分散的不是多只股票的风险，而是在一只股票上分散了不同时间的风险。即无论市场何时波动，都能够使投资曲线平滑。

（3）逆向投资。从定投基金的"微笑曲线"中可以看出，这一基金投资方式其实在鼓励我们在市场低迷时继续投资，这种逆向投资策略与人们惯常的顺势投资不同，却往往能够带来更好的回报。市场总是有周期性的，通过低点买入高点卖出，能够获得更高的利润。

相信看到这里你会想，既然定投基金如此优秀，那么我们是不是可以轻松通过定投基金的"微笑曲线"获益？理论上，这的确是一种风险小、收益稳的投资方式，但实际操作时仍需要注意一些要点。

（1）坚持长期投资。"微笑曲线"的效果在长期投资中更为显著。短期的市场波动难以预测，但长期来看，市场一般呈现上升趋势。因此，我们需要有足够的耐心，保持长期投资的信念。

（2）选择优质基金。基金的选择至关重要。我们应选择那些历史业绩稳定、管理团队优秀、投资策略明确的基金。这样才能确保在市场回升时，基金能够抓住机会，实现更高的回报。

（3）定期复盘调整。尽管基金定投是一种被动的投资策略，但定期复盘仍然是必要的。我们应定期检查自己的投资组合，确保其与个人风险偏好和投资目标一致。

（4）灵活应对市场变化。虽然定投强调纪律性，但在极端市场条件下，适当调整投资策略也是必要的。例如，在市场严重低估时，适当增加投资额；在市场过热时，适当减少投资额，都是提高整体收益的方法。

总而言之，基金定投的"微笑曲线"不仅是一个金融理论，更是很多优秀投资者手中的财富工具。相信了解了这一基金投资方法后，更多朋友都能够在市场波动中保持冷静，抓住机会，实现稳定的盈利。

7.5 长期定投，让时间帮你钱生钱

如何实现投资时间的有效平衡？答案是采用定期定额投资，简称定投。定投是一种在时间上分散投资的策略，让投资者能够避免将所有资金一次性投入，而是将其分散到不同的时间点进行投资。还记得上面提到的每年投资1万元，连续投资20年，在年利率为8%的前提下，获得的收益为294,229.21元的案例吗？这就是典型的定投。

那么，定投与一次性投资相比有何不同？在股市持续上涨的情景下，一次性投资无疑能带来更高的收益。但若股市波动或呈现下跌趋势，定投的风险相对较小。

这背后的逻辑十分简单。通过每月投入固定金额购买基金，当基金价格高时我们购买的份额相对较少。而当基金价格低时，我们则能购买到更多的份额。因此，尽管每月的投入金额相同，但所能购买的基金份额却根据市场价格波动而变化。特别是在市场下行期间，能够以更低的价格购买到更多份额，从而在市场回暖时获得更大的收益。因此，在面对市场的不确定性和波动时，定投策略能够有效地帮助投资者控制风险，实现投资的时间分散，从而优化投资组合的整体表现。

其实，定投的真正优势在于其能够帮助投资者克服心理上的贪

婪与恐惧。在选择理财产品时，人们往往会因手中有闲钱而产生一次性全投的冲动，误以为当前便是最佳投资时机。以2015年为例，当时中国股市高达4500点，许多人认为市场将继续上涨，于是一次性买入，随后却遭遇市场下跌。这正是许多投资者的痛苦教训。真正懂得投资的人会选择在市场低迷时买入，在高点时卖出。但当市场热度上升时，许多人往往难以割舍，甚至加大投资。此时，若无定投策略的指导，投资可能会陷入困境。定投通过每月固定金额的投入，不论市场是涨是跌，都能帮助降低风险，实现时间上的均衡投资，避免因单一时点的不利选择而集中亏损。

组合调整则是另一个关键策略，简言之，投资组合应合理分配股票和债券的比例。根据个人的风险承受能力、年龄和收入状况，设定一个如60%股票和40%债券的理想比例，并且每年应进行一次调整以维持此比例。调整的方式可依据年初的市场表现，如若发现前一年的某类股票涨幅显著，导致股债比例失衡至70∶30，则应适当减持股票增持债券，以回归至原定比例。相反，如果股市整体表现不佳而债券表现良好，导致股债比例调整至50∶50，则应通过减持债券增加股票持仓来重新平衡。这种定期调整策略有助于维持投资组合的多样性和稳定性，降低市场波动带来的不利影响。

7.6 理财的第四步：规避投资理财的深坑

巴菲特先生曾说过这样一句话："投资的第一法则是永远不要亏钱。第二法则是永远不要忘记第一法则。"那么什么是导致投资理财亏钱的主要因素呢？有人说是风险，其实不然，大多数情况下导致投资理财出现亏损的主要原因是我们犯下的错误以及未能识别的陷阱。

如何做到避免犯错，及时识别投资理财陷阱呢？下面就与大家分享几点心得。

第1条，尽量选择低费用的基金

通常情况下，明星基金经理的管理费用较高，而投资者容易被他们宣传的高收益吸引，从而愿意支付更高的费率。但多位专家和资料都指出，股市中并不存在长期稳定的"高手"，一位基金经理的出色表现大多只能局限在某一阶段，并不代表他能够带来长久的高收益。因此，支付高额费率以追求短期高收益并不明智，数据显示，长期而言，费率最低的基金往往回报最佳。这是避免投资陷阱的第一条建议。

第2条，懂得正确取舍

当投资者需要变现资金时，如家庭装修或孩子留学等情况。

此时，是选择卖出盈利的股票还是亏损的股票？大多数人倾向于卖出盈利的股票，因为这样心理上会更舒服，觉得自己没有亏损。然而，这种做法实际上可能会隐藏更大的损失风险。更理智的做法是卖出亏损的股票，这样有助于减少潜在损失，从长远来看，能更好地保护和增加你的资产。

第3条，避免自大

过度自信并试图预测市场是投资中的一大陷阱。在理财新手领域有一句名言，"你能够发现的模式都会失效"。举个例子，有人可能会认为自己掌握了股市操作的诀窍，比如某个特定时间的某些指导性会议会促使某类股票上涨，将其视为投资机会。然而，这种模式一旦被更多人知晓，其预测价值即刻消失。因此，试图捕捉并依赖这种规律性是不可靠的。

加州大学伯克利分校哈斯商学院的菲利普·泰洛克教授就曾对此展开过研究，这一研究历时25年，涵盖了300多位专家的8.2万份预测，结果显示，专家的预测仅略胜于随机结果。更讽刺的是，越是知名的专家，其预测的准确性往往越低。这一发现与塔勒布的"黑天鹅"和"反脆弱"理论不谋而合，强调了未来的不可预测性。

因此，最佳的投资策略不是过度关注市场的短期波动，而是专注于长期价值。购买有潜在价值的资产并长期持有，无论市场涨跌，对投资者而言影响有限。这种方法避免了因试图预测市场走向而作出冲动决策的风险，更符合稳健的投资理念。

还有人曾对美国金融巨头，被誉为投资大亨J.P.摩根提出过这样一个问题："您能否预测一下未来市场的走向？"摩根先生的回答简单而深刻："股市会波动。"

这句话凝练地概括了股市的本质——变幻莫测。因此，当有人在网络上毫不犹豫地、满怀信心地预测市场"明天肯定会如何如何"，或是"股指在一定时间内必定达到某个点数"时，我们完全可以将其视为一个笑话。试想连被誉为美国传奇商业奇才，以大胆、搏命式投资风格著称，并且几乎以一人之力拯救了1907年美国金融危机的J.P.摩根都不敢说自己能够准确预测市场，这些人又哪来的自信呢？

事实是，当预测失误时，他们可以轻易地删除错误预测，只保留那些偶尔准确的预言。通过这种选择性分享，任何人都可以伪装成一个预言家，因为每次预测至少有50%的概率是正确的。当然，那些过度自信预测股市的人，并不全是骗子，或许他们真的相信自己拥有预测未来的能力。

然而，统计数据会无情揭示市场的真相：每当市场流入量达到峰值时，股市往往就到了顶点，这也是股市最为疯狂的阶段，新开户数和资金流入量达到最高；相反，当市场处于低谷、无人敢买时，流出量增多，账户关闭也随之增加。这恰恰证明了人的本性是非理性的，而市场正是利用这一点来促使人们冲动行事。

可见，投资股市较为有效的策略便是尽量减少行动，甚至你可以让投资自生自灭，忘却其存在。可能过了20年，当你偶然回忆起自己曾有过的账户，拿着身份证去查询时，惊喜地发现账户内资金悄然增长。在股市中，保持冷静、减少盲目跟风是避免冲动决策、实现长期增值的关键。

第4条，确保有足够的应急资金

理想情况下，每个人都应该保留至少六个月的生活费作为应急资金，更保守的做法是保留一年的生活费。同时，存储这些资金的银行应当选择信誉良好、安全性高的机构，以确保资金安全。

第5条，绝对不要忽视保险的重要性

虽然有人认为保险的理财效率不如直接投资，甚至认为买保险是消费行为，不是投资行为。但这种看法忽略了保险的根本价值——在不幸事件发生时提供保障。尤其对于家庭的经济支柱来说，一旦失去劳动能力，没有保险的保障，家庭可能面临严重的财务危机。保险能提供的赔偿远超过个人通过理财达到的收益。在选择保险时，应专注于防范重大风险的基本险种，无须过度投保以避免不必要的费用。

对喜欢购买年金险的人来说，年金险确实能在将来提供一定的固定收入，它的缺点在于难以对抗通货膨胀。未来的某一天，承诺的月支付金额可能因货币贬值而变得不足以支撑生活。但尽管如此，年金险仍然能提供一定程度的基本保障。

第6条，避免陷入信用卡债务的困境

高利率的信用卡债务会严重侵蚀财务健康，应尽量避免或减少使用。

第7条，学会投资指数型基金

指数型基金因其低费用、分散风险和长期稳定的回报特性，是理财过程中的一个重要工具。

事实上，投资并没有多么复杂，关键在于保持耐心，坚持不懈，持续学习，提高自我认识。分享这些经验的目的不是鼓励大家盲目地投入股市，而是希望大家掌握一些基本的投资原则。真正的理财高手一定懂得让自己的钱产生更大价值，而不是把钱放入市场中随波逐流。在投资理财的过程中，理解和运用我们讨论的策略，相信大家可以更好地保护自己免受不必要的风险和损失。成功的理财不仅在于实现财富的增加，更在于通过谨慎和智慧的决策来保护这些财富。保持长期的视角，注重价值，同时保持警惕，避免被市场的短期波动干扰，是通往财务稳定和增长的关键。

第八章

买对一套房　胜过十年忙

8.1 我们为什么要买房

买对一套房,胜过十年忙;买错一套房,十年都白忙。

过去的两年里,房地产市场经历了大幅波动,而购房决策失误可能给家庭带来沉重的负担。以鹿露的一位朋友为例,夫妻两人都在深圳的一家知名互联网公司工作。在2020年,正值移动互联网迅猛发展的时期,他们的收入相当可观,同时深圳的房价也在飞速上涨。面对这种情况,他们认为如果不在当时购房,将来可能就负担不起了。因此,他们在2020年房价高峰时期,决定购入宝安区一处核心楼盘的大户型住宅,每平方米价格高达12万元,总价达到了1200万元,其中首付超过300万元,剩余900万元选择了按揭,月供为四五万元。虽然两人月收入加起来可达10万元,再加上各种奖金,当时似乎足以应对这套豪宅的开销。然而,他们未能充分考虑到互联网行业的不稳定性。

事实上,互联网行业的任何微小波动,都可能导致高额收入的不稳定。正如他们所经历的,一场"黑天鹅"事件导致全球经济下行,各行各业面临的压力,即使是知名的互联网公司也不能幸免。鹿露的朋友不幸被裁,家庭收入骤减一半。在这种情况下,为了避免进一步的裁员风险,他的妻子采取了紧急措施——选择怀孕。但即使如此，每个月的房贷还是一种沉重的负担。最终，他们无奈选择卖掉房产以缓解经济压力。令人心痛的是，原本以12万元每平方米购入的房子，市场价骤降到8万元多一平方米，这意味着在短短几年间，他们的房产价值就蒸发了约400万元。

当然，买房并非如洪水猛兽般可怕，反而在过去的十多年间，正确的购房选择成就了无数普通人的逆袭与财富腾飞。鹿露的个人财富增长也得益于她的房产投资。在过去的十年房地产繁荣期，她成功地在广州和深圳购置了五套房产，其中价值增长最高的达到了300%，最低的也有100%的涨幅。除了房产市值的显著增长，这些房产还为鹿露带来了稳定的现金流，每月的租金收入超过2万元，轻松实现了她最初想做房东的梦想。

8.2 买房可以带来哪些收益？

1. 社会收益

房子满足自住的需求，是进入城市的入场券。在中国的大城市里，房子不仅是一个居住场所，还是一张入场券。它跟城市的一系列福利挂钩：户口（积分落户、买房落户）、医疗、教育、公共设施、发展机遇……

如果我们仅仅把房子视为居住场所，那么我们就忽视了它的真正价值。房产的价值是多维度的，以下五个尤为显著。

第一，房产具有基本的居住功能，是提供遮风避雨的安全庇护所，营造一个温馨的家庭环境。

第二，房产关联着教育资源。家庭中若有学龄儿童，选择优质教育资源成为重要考虑。优秀的学校往往位于优质的居住区，这不仅关乎教育质量，也影响孩子所处的社交环境及其未来的成长轨迹。

第三，房产是一项重要资产，它不仅体现在其物理价值上，还在于其在财富增值和规划中的作用。

第四，房产具有金融属性。借助房产作为抵押，可以获取贷款进行其他投资项目。例如，一些明星就通过抵押房产来筹集拍摄电影的资金，房产因此成为实现财富增长的工具。

第五，房产代表了一定的社会圈层。人们往往与处于相似经济水平和社会地位的群体居住在同一区域。融入特定的社会圈层，不仅意味着获得该圈层的认可，还涉及接受和分享该圈层的价值观和认知模式。突破现有的圈层限制，扩展认知边界，是实现财富增长和社会地位提升的重要途径。

2.经济收益

房产不仅是一个居住空间，也是一种具有潜在经济效益的投资渠道。这种经济收益主要体现在以下两个方面。

首先，房产能够获得租金收入。这是房地产投资中最直接的收益方式之一。投资者可通过出租其拥有的物业，根据市场情况获得稳定的租金收入。不同地区的物业，基于其地理位置和物业的条件，租金收益率亦有所不同。一般而言，在大城市中心区域的物业因地理位置优越，租金往往较高，但相应地，这些物业的维护成本也更高。

其次，房产自身能够增值。这是另一种重要的投资收益，主要表现为房产随时间的推移而升值，为投资者带来额外的经济回报。虽然增值收益的潜力可能比租金收入更吸引人，但它也更易受到市场波动和外部因素的影响，因此其收益的稳定性可能较低。

当然，在房地产市场不太景气的背景下，很多房产的增值潜力受限，这使得租金收入成为房产投资的重要组成部分。因此，在挑选投资房产时，深入分析目标地区的租赁市场状况和租金价格，预测房产的租赁潜力，对于确保稳定的现金流入和良好的投资回报至关重要。选择那些位于租赁市场活跃、租金收益相对稳定的区域和物业，将有助于增加投资的安全性和盈利能力。

了解了房产的收益特性，相信很多人会好奇如何更加准确地了解房产投资情况。这就涉及了一个专业知识点"房产投资回报率"。房产投资回报率的计算方法有三种。

第一种是基于租金收益的回报率计算。这种方法通过考虑投资房产产生的租金收入和相关的投入成本来计算回报率，其公式为：投资回报率 =（每月租金收入 − 按揭贷款月供）× 12 ÷（初始投资额 + 按揭期间的总贷款额）×100%。这种计算方式侧重于通过出租房产获得的持续收入以及这些收入如何覆盖按揭贷款的成本，并最终产生净收益。

第二种方式是通过房价和租金的比例来分析投资回报率，即投资回报率 =（税后月租金 − 物业管理费用）× 12 ÷ 房屋购买单价 ×100%。这种方法强调了租金收益与房价之间的关系，若结果高于8%，则通常被认为是一个不错的投资。不过此法较为简略，未考虑资金的时间价值，也不适用于按揭购房的具体分析。

第三种计算方式关注投资的回收期，即投资回收期 =（初始投资额 + 按揭期间的总贷款额）÷（税后月租金 − 按揭贷款月供）× 12。通过这种方法，可以估算出从投资房产到开始获得净收益所需的时间长度，一般来说，12~15年内的回收期被视为合理的投资。

这些方法各有侧重，但都为投资者提供了评估房产投资价值的工具。其中，租金回报率更适合一次性全款购房的投资者，而综合投资回报率则更贴合选择按揭贷款方式的购房者。通过这样的分析，我们可以更全面地理解房产投资的潜在收益与风险。

8.3 如何买入自己的第一套房子

毕业第3年,鹿露买下了自己的第一套房子。说起来,鹿露的这一明智决策还要感谢自己的房东赵美美的妈妈。美美妈言传身教把鹿露带进了买房投资的大门。

想到这里,鹿露不禁又陷入与美美合租的回忆里。她与赵美美合租3年,也算是志趣相投,相处愉快。闲了两人约着吃吃喝喝,一起旅游,处成了好姐妹。不过人情归人情,账目要分明,合租第二年,美美把房租涨到了2000元/月。

美美父母也是生意人,常住珠海,时不时也过来"视察"。美美妈是个能干又热心的广东妈妈,跟所有妈妈一样,一进门就忙个不停,收拾卫生、整理房间、煲汤做饭。如果你觉得美美妈只是个普通的家庭妇女,那就错了。实际上,她精明能干、投资有道,购置了多处房产。

美美妈妈时不时也给两人传授一些买房经验。首先,要学会培养一个爱好——看房。美美妈的爱好就是参观新楼盘。这一爱好有三个好处,一是当作日常的观光旅游,打发周末时光。她说看着那些精心设计的样板房心情就大好,开发商还能专车接送、下午茶点心招待着,一点都不花钱,时不时还能收到一些小礼品,每个月多看几个新盘，家里的日用品就有着落了。因此，只要广州有新楼盘发售，总能看到她的身影。不管有钱没钱，打不打算买房，都可以把参观新楼盘当成一个爱好。

二是可以及时了解最新的房产政策、金融政策、市场机会、区域楼盘情况等。只要楼市有机会，不管是满足刚需，还是投资，都能及时把握机会。所以看房的时候还需要了解各个区域的实际情况，比如哪个小区绿化好，哪个小区配套设施好，哪个小区有折扣等。

三是看房过程中可以加深了解自己对于房产的内在需求。看房过程中可以了解到各种房产的优点及不足，随着对房产了解的加深，我们也会越来越清楚自己的真实需求。这样在真正出手买房时，才能够第一时间抓住机会，买到正确、超值的房产。

鹿露将美美妈的耐心分享与自己的房产投资经验结合，总结出以下两点购房要素。

（1）地段。在房产购置过程中，重要的考量因素多种多样，但其中最为关键的无疑是地理位置。优越的地段不仅为日常生活提供便利，同时邻近繁华的商业区，拥有完善的交通网络，这也决定了房产长远的增值潜力。房价的合理性、良好的生活环境以及综合的公共设施，都是购房时不容忽视的要素。同时，高标准的物业管理亦是保障居住质量和房产价值的重要因素。

地理位置的重要性历来被房地产界高度重视。房屋本身可以通过改造提升价值，但地段的固有价值却是无法改变的。因此，在考虑房产投资时，优越的地理位置应当被置于首位。

那么，如何从多角度综合评估一个地段的优劣呢？

首先，考虑交通便利性。便捷的交通系统大幅提升了居住的舒适度和便利性，尤其是在地铁网络密集的城市中，邻近地铁站尤为重要。此外，公交车站和主要交通干线的接近程度也是重要考量因素。

其次，周边设施的完备性也极为关键。实地考察房产周边的商业设施、教育机构、医疗设施以及休闲公园等，是评估居住便利度的重要步骤。从便利店、市场到大型购物中心和综合体，周边设施的丰富程度直接影响到生活的便捷和舒适度。

在这里有一点需要我们注意，在考虑购买房产时，追求配套设施的完美和豪华是一个误区。因为，无论是开发商还是物业管理公司，都会将这些配套设施的成本计入房价和物业费中。实际上，很多设施大多并不会被所有业主频繁使用，或者仅在特定时期内使用，但其维护和运营成本却需要由所有业主共同承担。这无疑额外增加了我们购房投资的投入。

再次，考虑到居住的实际需求，房产的地理位置与工作地点之间的距离也是重要的考量因素。一个理想的住宅不仅应该便于上班通勤，还应当能够提供便捷的日常生活条件。

最后，在楼市低迷的背景下，房产在租赁市场的表现和租金收益成为评估房产价值的一个重要维度。相较于那些投资性质较强的区域，自住比例较高的区域在市场下行时往往能表现出更强的价格韧性。有一个关键观念需要我们及时了解，这便是目前房产市场正在从过度关注投资价值转向更加重视使用价值，所以房产租金的表现尤为关键。

在楼市繁荣的时期，租金收益往往被忽视，因为房价的持续上涨似乎可以覆盖所有持有成本。然而，经过几年的市场调整，购房者开始意识到仅凭购房就能赚钱的日子已经一去不复返。在当前楼市上涨预期不再强烈的情况下，租金收益成为评估房产是否值得购买和持有的重要依据。

因此，那些拥有旺盛租赁市场和较高租金收益的房产，不仅价格更稳定，未来转手或出租的可能性也更大。从某种意义上讲，租金收益反映了房产的实用价值，良好的租售比象征着更高的居住性价比，无论是用于自住还是出租。随着市场趋势逐渐重视使用价值，做好风险管理，理性评估租金收益的重要性越发凸显。

（2）城市繁华区域及规划区域。无论是热闹的一线大城市，还是相对宁静的三、四线小城市，城市中那些繁华的区域往往代表着优质地段。这些区域因为其便利的工作和生活资源而备受青睐，所以也是买房的重要参考要素。

此外，值得关注的还有那些政策规划中被定位为重点发展的区域。这些地区可能在当前的配套设施或功能布局上尚未完善，但一旦规划实施到位，其区域价值和居住体验有望显著提升，进而吸引更多人的关注。

然而，对于规划我们切不可盲目自信，而需要保持谨慎态度。因为一座城市的区域发展从规划到完全成型，可能需要长达数年甚至十几年的时间，且不少规划可能因各种原因中途搁置或未能实现。特别是在当前全球经济和房地产市场普遍不景气的背景下，这种不确定性风险更加凸显。因此，对于偏好稳健投资的投资者来说，选择那些已经较为成熟和稳定的区域无疑是更为理智的决策。

8.4 找到升值空间大的房子

房子是用来住的，不是用来炒的，投资房产必须树立正确的理念。前面的内容帮大家分析了我们应该如何正确地买房，下面就与大家着重分享下我们应该如何买正确的房产。那么何为正确的房产呢？答案是在符合自身经济条件下，升值空间最大的房子。

很多人至今都不知道，为什么身边有些朋友花费同样的钱购置了与自己不同的房产，数年之后朋友的房产价值翻番，而自己的房产在贬值。这真的不是运气差异，而是我们房产投资思维的差距。以鹿露为例，鹿露的五套房产目前都处于升值状态，甚至其中一套的价值已经翻了三番，这恰恰是鹿露房产投资眼光的体现。

下面，就来为大家详细讲一讲应该如何购置能够升值的房子。

1.判断自己的房产投资风险偏好

购房投资是典型的投资理财行为，而作为投资者必然有特定的风险投资偏好。从投资理财的角度分析，投资者按照风险偏好可以归为三类。保守型、稳健型和激进型。

（1）保守型（低风险类型）。这类投资者可承受的风险较低，倾向于保本型投资，虽然赚钱能力不突出，但贵在稳妥，亏损概率也很低。

（2）稳健型（中风险类型）。这类投资者可承受一定风险，但希望在较低风险下获得稳健的收益。他们对风险的关注大于对收益的关注，对难以控制的风险领域选择敬而远之。

（3）激进型（高风险）。这类投资者可承受高风险，只要市场释放出一点信号，他们便可以义无反顾地跟进。如果运气好投资正确，这类投资者可以获得巨大收益；一旦出现失误，很容易血本无归、黯然离场。

造成房产投资者出现不同投资风险偏好的原因主要有两个：一是性格因素；二是财力因素。比如我们花费100万元购置了一套房产，但随后遭遇房价大跌，100万元资产不仅套牢，而且价值缩水严重。这时，如果我们财大气粗，这100万元对我们总资产没有太大影响，我们的风险投资偏好便可以侧重中、高风险。但如果这100万元已经伤及我们的根本，这时我们的风险偏好大多偏向于低风险。

目前，房产投资市场还有这样一个现象。很多人认为自己属于稳健型投资者，坚信自己不愿意承担高风险。但是在实际操作时却十分激进。尤其在面对高额的市场收益诱惑时，这些人很容易变为激进型投资风险偏好型。

比如，有些人在听到一些所谓内幕消息时，根本不花费心思判断消息的真实性，而是被消息中涉及的高额利益诱惑，冲动购置房产，这就为投资理财带来了极大风险。事实上，这是既不能承担风险又不理智的"激进行为"，这类人不是在投资，而是在投机。

所以，投资之前我们当三省吾身，如果不能承担高风险，一旦出现激进情绪时一定要告诫自己保持冷静。

例如，鹿露就属于稳健型投资者，虽然对于小额资金缺乏谨慎，但是房产投资时谨小慎微。鹿露的资产水平绝对可以承担一定风险，但是每次房产投资时她都希望风险最小化。

比起"赚多少钱"，她更关注"有多大概率会亏损？""最差情况下会亏损多少？"分析这些问题后，只有在风险可控、可以承担的情况下，鹿露才会考虑投资。

总体而言，鹿露可以接受赚钱能力小一些，但会努力追求不亏损的投资。所以鹿露在房产投资时喜欢投资市区配套齐带学位的二手房，因为这类房产的风险更低、投资更稳妥。目前，追求稳健型投资的鹿露已经成为房产投资市场的资深投资者，且表现出了5个明显的特点。

（1）等得起。房产投资注重中期收益，所以鹿露手上的房产可以在持有起码2~5年后再考量其赚钱能力。

（2）买得起。鹿露通过经营副业大幅提升了自身收入，所以她拥有一定的购房资金。投资的房产一定要考虑当地转手率最高的户型，比如在北京、上海、广州等大城市，小户型比大户型更好转手，比如一房一厅、两房一厅的户型更能满足投资需求。因为一房一厅的户型是白领租房的首选，出租市场旺盛、租金收益高、总价低，因此是投资客的首选；两房一厅的户型是刚需族的首选，不管你是出租，还是转手出售，需求都比较旺盛。

（3）租得好。鹿露购买的房产都具有地段好的特点，位于市区、配套齐全、带学位，易出租等（不买不能出租的房子）。

（4）风险低。鹿露购房投资从不跟风、不追热点，以此确保自己不成为"接盘侠"。

（5）追求稳定收益。由于鹿露投资的房产地段好，配套全，所以这些房子的租金稳定，租售比不低于1/250，下跌的概率非常小。

由此可见，鹿露对投资风险偏好处于典型的稳健型，且通过稳健的投资习惯在房产投资领域收益颇丰。

2.如何买到升值空间大的房子

一座城市的房地产投资判断涉及很多指标，不过我们都不是专业的经济研究学家，所以无法从宏观的角度把控房子的升值能力。不过结合多年的房产投资经验，可以得出结论：通过以下4个指标能够准确判断出一处房产的升值能力。

（1）城市人口流入情况。一座城市的房子是否值得投资，人口情况是首要参考指标。因为房子是给人住的。

其实，城市人口净流入一直是分析城市吸引力和未来房价走向的一个最重要的指标。通常经济发展前景好的城市凭借优质的社会公共资源、良好的就业机会对流动人口形成了强大的吸引力。大量的人员流动到城市后，这座城市就产生了巨大的住房需求。这也使得这座城市形成盆地聚集效应，这主要指包括资金在内的各种重要资源向这一城市聚集，反过来又促进了城市经济发展，为房价产生有力的支撑。

需求足够多，房产市场就会活跃起来，这座城市的房价则会逐渐上升，至少不会出现严重缩水的情况。

（2）城市的产业结构和经济基本面。从长远角度出发，城市的房价高低较大程度上取决于其本身的产业结构和经济基本面。所以，我们可以从城市的优势行业和专业化程度出发，分析城市房地产市场的宏观支撑度。

我们可以调查研究一座城市内的优势行业（城市内就业份额最大的行业）和专业化行业（相对优势行业）是什么。通常信息技术业、金融业、制造业、建筑业、商业越强的城市经济发展越好，对房价的支撑程度越高。而依赖农业、采矿业、畜牧业等第一产业的城市经济发展则容易相对缓慢，对房价的支撑程度较弱。

目前，制造业对一座城市的发展起着决定性战略意义。不过同属于制造业的轻工业和重工业对房价的支撑力度不同。

例如，长江三角洲地区和珠江三角洲地区都属于制造业发达地区，长江三角洲地区的经济以重工业制造业为主，杭州等地的手工业制作也很发达。珠江三角洲地区是轻工业生产模式，以服装等轻产业为主。此外，珠江三角洲地区的经济发展很依赖外资和进出口，而长江三角洲地区除了外资，还有大量依靠内资为主的乡镇企业和民营企业。重工业制造投资巨大，要突然撤资搬迁其实也不容易。而我国的经济转型、劳动力价格上涨，又对以劳动密集型轻工业为主的珠江三角洲地区带来了影响。所以对比来看长江三角洲地区的经济发展潜力更大，自然对房价的支撑更强，这也是鹿露宁愿坐2小时飞机到无锡买房的原因之一。

另外，大家还可以重点关注一下购房投资目标城市的产业升级计划。比如南京开展智能制造计划、智慧城市建设、金融综合服务平台建设等。产业升级计划直接影响房价的上涨空间，产业越高端越多元化，房价上涨空间越大。

（3）当地的房地产政策。房地产政策分析包括近期的房地产政策、土地调控政策、金融调控政策等，及时了解这些政策有助于我们更加准确地评估一座城市的房价变动趋势。

比如，鹿露投资无锡房产的成功很大程度得益于当时的限购政策。当时针对二手房的限购政策非常宽松，但鹿露买完不久后无锡实施了全面限购，这让鹿露的第三套房产价值上升。

（4）判断房价是否属于低洼区域。如何判断一座城市房产价格是否属于低洼区域的方法很简单。找一个与目标城市政治地位、经济实力等各方面条件相似的城市，对比一下房价差距，就能够清楚知道价格是否低洼。比如，深圳VS北京/上海、无锡VS苏州、广州VS深圳。

这一方法虽然简单，却非常实用。鹿露就是靠着这种方法准确预估了投资房产的房价走势。

总而言之，房产投资是一个比较大的投资决策，这4个指标是鹿露多年房产投资的重要心得。在大家投资房产时可以着重参考。

第九章

"睡后赚钱" 财务自由

9.1 收入的三种类型：
普遍性收入、投资组合收入、被动收入

财富自由绝对是我们人生的一大追求，或者说是大多数人的终极目标，与大家分享各种副业开拓技巧、投资理财方法，以及房产投资措施同样是为了帮助大家尽快实现财务自由。不过，直到今天很多人单纯认为追求财务自由就是努力增加收入，却没有想过增加收入也是讲究方式方法、技巧策略的。

尤其在当下经济全球化的背景下，单一的收入来源已经很难保证长期的财务安全和生活质量。金融风险、技术革新和职业市场的不稳定性，都使得依靠单一工作收入变得风险越来越高。相信大家已经能够充分认识到这一点，当下已经没有了真正意义上的"铁饭碗"。

所以，我们必须有一个健康的收入观念，想要财富稳定增长，收入一定要多元化。多元化的收入来源不仅可以分散各种难以预料的风险，还能提供更多的财务增长机会。在财务自由的路上，多元化的收入结构不仅是一种保护，更是一种向上攀升的阶梯。

从经济角度出发，收入可以分为三种类型，分别是普遍性收入、投资组合收入、被动收入。

1. 普遍性收入

普遍性收入，通常是我们最熟悉的收入类型。它直接来源于我们的劳动力或专业技能，如我们的日常工作。无论是办公室的白领工作，还是自由职业者的项目合作，这类收入都需要我们投入时间和精力。普遍性收入的特点是其直接性和稳定性。它为我们的日常生活提供了基本的经济支撑，但同时也有其局限性，如收入的上限通常与我们的工作时间和能力成正比。

例如，鹿露在SK的助理工作收入，以及她作为英语翻译获得的副业收入，这都是典型的普遍性收入。通过鹿露的专业技能和劳动，她能够获得稳定的收入，这种收入类型也意味着她需要持续工作来维持收入水平。

2. 投资组合收入

投资组合收入，则是通过资本投资来实现的收益。这类收入来源于股票、债券、房地产等多种投资渠道。与普遍性收入不同的是，投资组合收入需要前期的资本投入和持续的市场分析。这类收入的特点是其潜在的高收益性和相对的不确定性。

3. 被动收入

所谓被动收入，通常被形象地描述为"睡后收入"，即在睡眠时也能持续获得的收入。这种收入形式的特点在于，它不依赖个人持续的主动劳动。值得一提的是，自己亲力亲为从事的副业或商业活动所得，并不算作被动收入，因为这仍然需要你的主动参与。

众多经济学者和投资者都曾强调过被动收入的价值。例如，理查德·卡耐基在其著作《卡耐基投资法》中引入了"财富之父"的概念，强调利用被动收入实现财务自由和财富积累的重要性。同样，畅销书《富爸爸穷爸爸》也指出，积累资产和被动收入而非仅靠工资收入是实现财务自由的关键。简言之，实现财务自由并非非得拥有庞大的储蓄，关键在于能否持续获得足以支撑日常开销的被动收入。

被动收入的特点在于，它不需要我们持续的劳动投入。这种收入类型包括租金、版税、利息等，可以在我们不工作的时候也持续为我们带来收入。被动收入为我们提供了额外的经济安全感，同时也使我们有更多的时间和精力去追求自己的兴趣和目标。

所谓多元化收入，恰恰是指我们应该拓宽自己的收入渠道，最好同时拥有这三种收入方式，因为这三种收入方式的有效结合，能够大幅提高我们收入的健康性、稳定性与持久性。普遍性收入为我们提供稳定的基础，投资组合收入带来增长的可能性，而被动收入则为我们的生活提供了额外的安全保障。收入结构的多样性能够让我们在经济上更加稳健，同时也为实现财务自由提供了更多的可能性。下面，我们就以鹿露为例，详细分析这三种收入类型。

前面曾提到，鹿露的副业收入渠道有8种，它们分别如下。

（1）英语翻译/作者。作为英语专业毕业生，鹿露通过翻译、口译和写作等方式获得收入。

（2）翻译公司合伙人。鹿露的翻译事业发展起来后，她从单纯的翻译转成为翻译公司的合伙人。这个收入渠道为她带来了相对稳定的年度分红。

（3）包租婆。房地产投资是鹿露财务自由战略的重要组成部分。她通过投资房产，每月收取租金，不仅为她带来了稳定的被动收入，而且房产本身的升值也成为她资产增长的重要来源。

（4）财经博主。她通过公众号等平台分享财经知识和投资经验，从而获得了广告宣传、品牌合作和知识付费等收入。

（5）理财投资。投资理财是鹿露收入多样化的关键组成部分。她在基金、股票、债券、期权和房产等多个领域进行投资，收益颇丰。

（6）书籍作者。受出版社邀约，鹿露还将自己的财经经验编著成书，从而长期收取版税。

（7）奢侈品公司合伙人。鹿露投资了二手奢侈品市场，成为一家奢侈品公司的股东，这一身份为她带来了可观的分红。

（8）珠宝公司合伙人。出身于珠宝事业家庭，鹿露自然拥有家族企业股份。她也参与了家族企业投资与管理，自然能够获得一份稳定、可观的收入。

多数人看到鹿露的收入渠道后第一反应是多，但实际上鹿露收入的可贵之处在于三种收入类型的巧妙搭配。她的收入方式也展示了如何将普遍性收入、投资组合收入和被动收入进行有效结合，如何通过健康稳定的收入实现财务自由。下面我们对鹿露收入类型进行一次分类梳理。

（1）把普遍性收入作为稳定基础。英语翻译/作者工作和财经博主活动是她普遍性收入的主要来源。这类收入为她提供了稳定的现金流和生活保障。尽管这类收入需要持续的劳动投入，但它为鹿露的其他投资和创业活动提供了必要的资金基础。这种稳定的收入来源是财务自由之路的起点，它确保了在追求更高收益的同时，鹿露的基本生活和投资能够得到保障。

（2）以投资组合收入增长经济动力。在拥有了一定投资能力后（注意，是拥有了一定投资能力，而不是积累了一定资本后）。鹿露开始进行各种投资理财活动，这一过程中她从翻译工作人员变身为翻译公司、奢侈品公司和珠宝公司合伙人。同时，鹿露还在股票、债券等领域的投资，构成了她今天的投资组合收入。这类收入虽然伴随着一定的风险，但提供了收益增长的巨大潜力。鹿露通过精明的投资决策和市场分析，实现了资产的增值。这种收入的重要性在于，它使鹿露能够利用资本市场的机会，实现财富的快速积累。

（3）用被动收入增强财务自由保障。房产租赁和书籍版税为鹿露带来了被动收入。这种收入不需要她的日常劳动参与，却能持续地为她带来收益。被动收入的关键优势在于，它为鹿露提供了时间自由，使她能够将精力投入更多元化的活动和更高收益的投资。此外，被动收入还为她提供了额外的经济安全感，特别是在面对经济波动或个人职业生涯中的不确定性时。

（4）对三种收入进行合理搭配。鹿露成功地将这三种收入类型结合起来，形成了一个强大的财务支持系统。普遍性收入确保了她的基本生活需求和稳定现金流，投资组合收入为她的资产增长提供了动力，而被动收入则为她的时间自由和长期财务安全提供了保障。这种多元化的收入搭配，不仅增加了收入来源的稳定性和多样性，还降低了依赖单一收入来源的风险。

分析了鹿露的收入搭配方式，以及财务自由成长经历后，相信大家能够明白，在财务自由的道路上多元化的收入方式多么重要。这种搭配不仅减少了依赖单一收入的风险，而且提高了抵御经济波动的能力。通过合理规划和管理不同类型的收入源，可以有效地平衡风险和收益，实现财务的稳定增长。所以，希望此刻还在单一收入渠道埋头苦干，或者对当下职业稳定性感觉高枕无忧的朋友们及时醒悟，实现财务自由最佳方法绝对不是在某一赛道拼命角逐，多渠道发力往往能够带来更好的结果。

1.普遍性收入用于起步

日常工作带来的稳定收入是积累资本、学习理财和探索其他收入渠道的基础。这也是根本性的收入方式。不过我们不能将眼光局限其中，伴随着普遍性收入增加，我们应该学会及时拓宽其他收入渠道。

2.智慧投资

普遍性收入稳定后，尤其在满足生活所需开始产生积蓄时，积极探索投资组合收入，如股票、房产或小型企业投资十分必要。关键在于我们要提前做好研究，理解市场动态，适时调整策略，而不是因为诱惑而盲目投资。

3.尝试培养被动收入

在具备了普通收入和投资收入后，我们还需要寻找和创造被动收入的机会，如出租房产、版权收入或在线业务。被动收入可以在你不工作时为你带来持续的收益。

4.进行收入渠道的多元化搭配及平衡

收入渠道得到丰富的同时，我们还要在不同类型收入源之间寻求平衡。不要将所有的精力和资源投入单一收入源，而应通过多样化的方式分散风险。随着市场和个人情况的变化，及时调整你的收入策略。

总之，实现财务自由是多方面努力的结果，这涉及对不同收入来源的理解和运用。希望大家能够及时认清这一道理，调整自己的收入类型，从而加快我们实现财务自由的脚步。

9.2 构建自己的被动收入体系：11种被动收入

不难看出，多数人依然把主要精力集中于普遍性收入上，如工资或日常工作的报酬。当然也有部分人开始了投资，利用股票、理财产品或房地产投资带来更高的收入，不过整体而言，被动收入的重要性仍然被大多数人低估。

被动收入是一种不需要持续劳动的情况下仍能持续产生的收入，它在我们实现财务自由和时间自由的过程中发挥着重要价值。

首先，被动收入为我们提供了更大的经济安全。在经济不稳定或个人职业发展遇到挑战的时期，被动收入可以成为一个重要的经济支撑点。例如，如果我们因为健康问题需要暂时离开工作岗位，或者想要重新考虑职业方向，拥有被动收入的人将面临更少的经济压力。

其次，被动收入为我们打开了时间和空间的自由。当我们不需要每天投入大量时间去赚取生活费用时，就有更多的机会去追求个人的兴趣和激情，无论是旅行、学习新技能还是花时间与家人朋友相聚。这种自由是普遍性收入和投资收入难以提供的。

再次，被动收入还鼓励我们进行创新和创业。当我们有了稳定的经济基础，就更有可能去尝试新的创业想法或投身于风险较高的创业项目中，因为我们知道即使这些尝试没有立即成功，我们的基本经济需求仍然能得到保障。

最后，被动收入还带来了长期的财务增长潜力。与直接劳动相关的收入通常受限于我们的工作时间和能力，而被动收入则可以在我们专注于其他事务时，通过资产增值、版权收益等方式不断增长。

总而言之，被动收入不仅为我们的现在提供了支持，更为我们的未来提供了更多的可能性。它超越了普遍性收入和投资收入的局限，为追求财务自由的人们提供了更加广阔的道路。

大家了解了被动收入的这些优势后一定会说，我们不像鹿露拥有五套房产，也没有鹿露的财经思维，怎么可能产生被动收入？讲这么多道理是不是在炫耀自己？希望大家不要对我产生误解，强调被动收入的重要性当然是希望大家都可以拓宽自己的被动收入渠道，从而增加长期收入，更快实现财务自由。下面，就将最常见的11种被动收入方式分享给大家，大家可以对号入座从中找到属于自己的被动收入方式。

1.房地产投资

房地产投资的回报主要来自两个方面：资产升值和租金收益。以鹿露为例，目前拥有五套房产，其中四套用于出租。这些房产是在几年前以相对低价购入的，其价值已经增长了1~3倍，而每月的租金收入近2万元。

考虑到当前房地产市场的走势，因此，房产投资的被动收入主要依赖于金。在选择投资房产时，关键是要选对地段，不必追求市中心的豪宅，而应选择那些配套设施完善、易于出租和转手的区域。即使房价不再上涨，稳定的租金收入也能确保持续的现金流。

同时，评估房产投资时要注意租售比的计算，即月租金收入除以房产购买价格。国际上认为合理的租售比应在1：250以内，大约20年能回本。尽管在大城市中，多数房产的租售比较低，但仍应尽量选择租售比更高的物业。此外，应谨慎对待投资公寓和商铺，因为这些房产往往难以转手。

2.出租车辆

拥有闲置汽车的情况下，可以考虑将其出租，从而获得租金收入。例如，鹿露有一位家境殷实的朋友，买了两辆二手豪车并将它们出租给豪车租赁平台，据他透露，这番操作让这两辆车的年化收益达到了30%。

当然，普通汽车同样可以出租给租车平台。鹿露还有另一个朋友正是这样做的，尽管其租售比没有那么吸引人，但依然是一种可行的被动收入方式。

3.股票分红

股票投资也是一种可观的被动收入来源，尤其是投资那些有着稳定分红历史的公司。在A股市场，银行股是一个不错的选择。鹿露就持有中国银行和北京银行的股票，它们每年的分红率大约为6%。

尽管银行股相对稳定，但市场波动仍然会影响到股价，所以持仓可能会出现亏损。不过，分红是基于持有的股份来分配的。此外，水电、能源和天然气等领域的股票也是分红稳定的良好选择。

4.债券利息

债券投资可以通过定期获得的利息来实现被动收入。无论是政府债券还是公司债券，其利息收益可根据债券的面值和利率确定。例如，2024年我国发行的50年超长期特别国债，票面年利率为2.53%，尽管这些收益率并不算高，但相比之下风险小、收入稳定。

5.养老金计划

养老金计划是另一种形式的被动收入，主要有两种类型。一是个人所就职企业定期缴纳的社保养老保险，这类保险可以在退休后获得收益；二是完全由个人缴纳的商业养老保险，其当前利率通常不超过3.5%，并在缴纳人达到法定退休年龄后开始领取。

6.在线内容销售

将个人技能和知识转化为电子书、在线课程、视频或音频内容，并在网上销售，也能带来被动收入。一旦这些内容制作完毕并上线销售，每一笔销售都将带来收益。鹿露也有制作和销售个人课程的经验，而且效果不错。所以建议大家尝试根据自己的专长来创作内容，千万不要小看自己的专业技能，即便是菜谱或生活攻略，也可以在很多网络平台上进行销售，从而获得稳定的被动收入。

7.在线广告收入

如果你有微信公众号、今日头条号、视频号、B站、抖音等社交媒体账号，可以通过展示广告来获取被动收入。只要你的内容获得足够的浏览量，平台就会与你分享广告收益。对于图文内容，可以考虑在今日头条、百家号等平台发布；对于短视频，则可以选择视频号、B站等平台。此外，一旦你的粉丝数量达到一定规模，还会吸引广告主直接找到你进行广告投放。

8.版权收入

对于作者、艺术家或音乐家而言，版权收入是一种重要的被动收入来源。这包括了书籍、艺术作品或音乐作品的销售收益。例如，这本新书同样有版权收入，希望大家支持。

通过出版书籍，可以获得版税收入，国内的版税率通常在8%左右，虽然每本书的收益不多，但优势在于作品只需创作一次，之后只要有销量便能持续带来收入。对于网络小说作家来说，如果作品能被改编为影视作品，收入潜力会更大。对音乐人而言，出售音乐版权或通过音乐流媒体平台的播放获取收入，也是一种可观的被动收入来源。

9.ETF指数基金

通过投资ETF指数基金，可以间接地将资金投入多种股票、债券或其他资产，以获得分红和资本增值。ETF基金的表现依赖其跟踪的市场指数，如沪深300ETF等。鹿露也配置了ETF基金，但其收益并非固定，与市场表现紧密相关。市场表现良好时，ETF收益可观；反之，则可能面临亏损。此外，ETF基金也会有分红。

10.特许经营权

通过获取特许经营权，可以将自己的品牌、知识或技术授权给他人，以获得特许费用。例如，如果你的餐饮业务非常成功，可以考虑将品牌和技术授权给他人。鹿露的一位朋友就是通过购买臭豆腐制作技术来经营摊位的。另一位朋友则通过开设奶茶旗舰店后，开始拓展特许经营业务。

11.创业和企业投资

通过投资企业或生意，可以通过股权和分红获得收入。例如，鹿露投资了朋友的补习班和互联网公司，企业赚钱后便能获得分红。然而，当前创业环境颇具挑战，许多投资不仅难以盈利，甚至保本都困难。尤其是对于那些不直接参与经营的投资者，所以，选择投资项目时需格外谨慎，以避免潜在风险。

以上11种被动收入方式展示了多样化的财务增长路径。我们可以根据个人的兴趣和资本情况，从中挑选几种途径来构建自己的被动收入体系，从而达到财务自由的目标。这些被动收入区别于传统劳动所得收入，无须我们日复一日地投入大量的时间和精力，却能够为我们带来持续且稳定的收入流。

鼓励大家依据个人的实际状况，积极探索并付诸实践。记住，达到财务自由和生活自主是一个长期的过程，它需要耐心，以及对各种收入来源进行不断地探索和管理。不要因为某种被动收入方式的收益相对较低就轻易放弃，因为在财富累积的旅程中，小额的积累同样至关重要。因此，及时建立起自己的被动收入体系显得尤为关键。

此外，我们还需认识到，财务自由的真正含义不仅在于拥有充足的资金，更重要的是获得选择自己生活方式的自由。被动收入恰恰能够赋予我们生活自由的权利，使我们能够按照自己的步调和愿望去生活，因此它不仅是财务自由的一种体验，也是通向幸福生活的一扇大门。

9.3 成为更好的人 遇到更好的人

作为一位早早实现了财务自由,并不断向着高配版进发的年轻人,这一路走来,鹿露感慨颇多,成长过程中鹿露的副业经验、理财方法、投资策略,以及财富观念都已经详细分享给了大家。她做这一切不是单纯的善举,更不是为了炫耀,而是一种真切的感悟。她真的认为这么多年的个人努力,以及对大家的分享不仅是为了彼此的财富增长,还为了成为更好的人,遇到更好的人。

在追求财务自由的旅程中,个人的成长和发展以及与他人的交互是一种非常有趣的体验,更是这一路上的重要收获。可以说这种成长不只是关于理财技能的学习之旅,更是一次深刻的内在转变的过程。在这个过程中,我们不仅学会如何更好地管理我们的财务,也学会如何成为一个更有智慧、更有同情心、更具影响力的人。

其实,对于我们而言,任何方面的成长都可以视为内心的转变。当我们真正踏上追求财务自由的道路时,我们会发现追求财富同样是一种对生活方式和价值观的深刻反思。这种转变要求我们重新思考我们对于金钱、时间和个人成就的看法。例如,将金钱视为实现自由和个人目标的工具,而不仅仅是购买物品的手段,这是一个重要的认知转变。

这个过程中，我们会审视自己的消费习惯，理解哪些支出真正地增加了我们的幸福感，哪些则是可以减少的。这种自我反省改善了我们的财务状况，也使我们更加了解自己，更清楚地认识到什么是最重要的。

同时这一过程还伴随着各种挑战和机遇。比如，某些挑战来自我们长期以来根深蒂固的消费习惯，或者在学习新的财务管理技能时遇到的困难，又或是克服自己某些心理障碍。然而，正是这些挑战促使我们不断成长，使我们成为更强大的个体。

当然，这个过程也充满了机遇。正如鹿露就是在应对挑战中完成了5套房产的投资。随着我们在理财知识和技能上的提升，我们开始更加自信地面对财务决策，学会如何利用资源实现我们的目标。更重要的是，随着我们内在的成长，我们开始吸引和遇到志同道合的人。这不是财务状况改善带来的变化，而是我们的思维方式和生活态度变化带来的结果。当我们更加专注自己的成长、理解财务的重要性，并投资于自己的未来时，我们开始吸引那些有着相似追求的人。

这些新的联系不仅能成为人脉支持网络，提供激励和鼓励，而且成为我们学习和成长的重要资源。他们的经历和故事为我们提供了宝贵的见解，帮助我们在追求财务自由的道路上避免掉入常见的陷阱，同时也为我们提供了不同的视角和解决问题的新方法。

相比财富状况的改善，人际关系的改变更为重要。在我们身边聚集越来越多志同道合的人之后，会发现自己的生活变得更加轻松、如意，在这一关系网络中我们逐渐形成了一种相互成就、相互促进的关系。这种良性循环对于财务增长、个人成长都带来了极大的动力，让我们真切意识到成为更好的人，真的可以遇到更好的人。

所以，在成长过程中鹿露十分乐于分享个人点滴，并希望把更多财富红利带给大家。鹿露坚信给予和回归是密不可分的，当更多朋友在知识分享、经验传播中走上谋求财务自由的道路，自己的财富资源越发丰厚，前行的动力更加充足。

相信大家也能够在我们的分享中认识到，追求财务自由并不仅仅是积累财富，更重要的是通过这一过程实现更高的生活满意度。当我们学会管理自己的财务，减少金钱的焦虑，我们就能更自由地探索生活中真正重要的事物。财务自由使我们有能力选择那些能够给我们带来快乐和满足感的活动，无论是旅行、学习新技能，还是花更多时间与家人和朋友相处。

在社交互动中，我们不仅学习到关于财务管理的知识，更学会了与他人更深层次的连接和沟通。通过这些互动，我们学会了同理心，学会了如何倾听他人的观点和经历。这些技能不仅使我们成为更好的朋友、伙伴和同事，也使我们在生活中成为更圆滑和智慧的人。

财富的力量同样是一种给予的力量。这不仅仅是对他人、对社会产生价值与贡献，同样是一种个人成长和实现的方式。通过给予，我们更加清楚地认识到何为人生财富。

最后，希望大家学会享受追求财富的过程，这一追求不应该是一段充满压力和焦虑的旅程，而应该是一段充满学习、成长和享受的旅程。希望在未来相伴的日子里，可以为更多人带来帮助，促进更多的财富增长，促使更多人实现自己的美好，这才是我们的终极目标，相信这也将成为我们彼此最好的相处方式。